Die Fahrrad-Werkstatt – Reparatur und Wartung Schritt für Schritt

Rob van der Plas

Die Fahrrad Werkstatt

Reparatur und Wartung Schritt für Schritt

BVA

Bielefelder Verlagsanstalt

3., überarbeitete Auflage 1999

Übersetzung/Überarbeitung: Klaus G. Erdbrügger

Titelgestaltung: synergetics mediennetzwerk, Bielefeld

Fotos: Neil van der Plas, Nic Jones,
Rob van der Plas

ISBN 3-87073-147-8

Der Autor

Rob van der Plas ist von Beruf Ingenieur. Schon immer ein begeisterter Radfahrer, begann er 1975 über dieses Thema auch für Fachzeitschriften zu schreiben. Sein Bicycle Handbook, bei Penguin 1981 erstmalig herausgegeben, ist schon lange ein Klassiker unter den allgemeinen Fahrradbüchern. 1984, als das heutige Mountainbike noch in den Kinderschuhen steckte, gab er das Mountain Bike Book heraus, das erste auf diesem Gebiet überhaupt. Seitdem wurden noch mehrere seiner Bücher in Großbritannien (Springfield Books), in den Vereinigten Staaten von Amerika (Bicycle Books) sowie in der Bundesrepublik Deutschland und den Niederlanden veröffentlicht.

Vorwort des Verfassers

Ich habe mich bemüht, alle wichtigen Informationen zum Thema Fahrradreparatur und -wartung zusammenzutragen und in anschaulicher Form wiederzugeben. Falls Sie, lieber Leser und Biker, aufgrund persönlicher Erfahrungen und eigener Praxis bessere (oder einfachere, oder schnellere) Wege kennen, irgendeines der in diesem Buch beschriebenen „Probleme" zu lösen, teilen Sie dies doch bitte dem Verlag oder Autor mit. Ihre Verbesserungsvorschläge können dann in Neuauflagen einfließen.

Viel Spaß bei der Lektüre und viel Erfolg bei Ihrer nächsten Reparatur oder Wartungsmaßnahme.

Inhalt

Kapitel 1

Fahrradkunde

Dieses Buch soll Ihnen helfen, Ihr Rad in optimalem Zustand zu halten. Es vermittelt Ihnen alle wichtigen Informationen, die Sie zu diesem Thema jemals brauchen werden, und sagt Ihnen, was zu tun ist, wenn eine Störung auftritt.

Die Vorgehensweise ist einfach: Worin besteht das Problem? Welches ist seine Ursache? Was ist zu tun? Ich werde hierbei systematisch vorgehen und zuerst erklären, worin die Ursachen für Störungen liegen können, Ihnen dann sagen, welches Werkzeug Sie benötigen oder wie Sie sich sonst helfen können, wenn das richtige Werkzeug nicht verfügbar ist, und schließlich ausführen, wie das Problem Schritt für Schritt beseitigt wird. Fotos und einige Detailzeichnungen helfen Ihnen, Teile und Werkzeuge auf einen Blick zu identifizieren.

Der Schwerpunkt liegt auf modernen, hochwertigen Rädern, d.h. Mountainbikes (abgekürzt MTBs) und Rennrädern. Es werden jedoch auch andere Fahrradgattungen wie Sport- und Tourenräder ausreichend detailliert erörtert. Ich spreche die neuesten Entwicklungen auf den Gebieten der Naben- bzw. Kettenschaltungen an, und weiterhin enthält dieses Buch hilfreiche Angaben sogar zu weniger gebräuchlichen Komponenten, wie z.B. Trommelbremsen und Federungssystemen. Vergessen werden auch keineswegs die verschiedenen Arten der Fahrradbeleuchtung.

Oben:Typisches Rennrad mit Rennlenker, schmaler Bereifung und 16-Gang-Kettenschaltung.

Unten: MTB mit gerader Lenkstange, breiten Reifen und 21 Gängen. Dieses Modell ist mit stehend montierten Daumenschaltern sowie einer Federgabel ausgestattet.

Fahrrad-Komponenten

Um am Rad arbeiten zu können, müssen wir zunächst wissen, worüber wir sprechen, d.h. wie die verschiedenen Komponenten heißen. Ich stelle jetzt kurz die Hauptbestandteile vor. Bauteile werden einzeln bzw. in Gruppen besprochen.

- Schaltung
- Antrieb
- Steuerung
- Sattel
- Bremsen
- Laufräder
- Rahmen
- Zubehör

Schaltung

Mountainbikes und Trekking- sowie Rennräder sind mit Kettenschaltung ausgestattet, während sich z.B. an Hollandrädern ausschließlich Nabenschaltungen finden. Eine Kettenschaltung besteht aus Schaltwerk (hinten) und Umwerfer (vorn), welche die Kette von einem Kettenblatt bzw. Ritzel auf ein anderes wechseln lassen. Bowdenzüge verbinden sie mit den Schalthebeln, die - je nach Fahrradtyp - an Lenker oder Unterrohr sitzen und die Schaltung bedienen. Bei der Nabenschaltung ist ein Getriebe mit bis zu vierzehn Gängen in die Hinterradnabe integriert. Die Gänge werden

Trekkingrad mit kurzem, geradem Lenker, Kettenschaltung und 28-Zoll-Bereifung. Dank Lichtanlage darf dieses Modell im öffentlichen Straßenraum gefahren werden.

wiederum vom Lenker aus mittels Schalter und einem oder zwei Bowdenzügen gewechselt.

Bremsen

In Deutschland müssen Fahrräder zwei Bremsen aufweisen. Bei einer Kettenschaltung werden beide Bremsen von Hand bedient, während die Nabenschaltung in aller Regel mit einer Rücktrittbremse für das Hinterrad gekoppelt ist. Gelegentlich findet man vorn und/oder hinten Trommelbremsen. Einzelheiten finden sich in Kapitel 5.

Antrieb

Die Teile des Antriebsstranges übertragen das vom Fahrer erzeugte Drehmoment als Vortriebskraft auf das Hinterrad. Wie in Kapitel 6 besprochen wird, handelt es sich bei den einzelnen Komponenten um Tretlagergarnitur, Pedale und Kette sowie, an der Hinterradnabe sitzend, um Freilauf und Ritzel.

Laufräder

Diese werden in Kapitel 7 behandelt. Die Bereifung besteht in der Regel aus Schlauch und Mantel. Nur echte Rennräder weisen Schlauchreifen auf, die felgenseitig vernäht sind. Felgen bestehen aus Alu oder Stahl. Felge und Nabe sind durch Speichen verbunden, die in den Felgenflansch eingehakt und in der Felge durch Nippel gehalten werden. Die Nabe wird

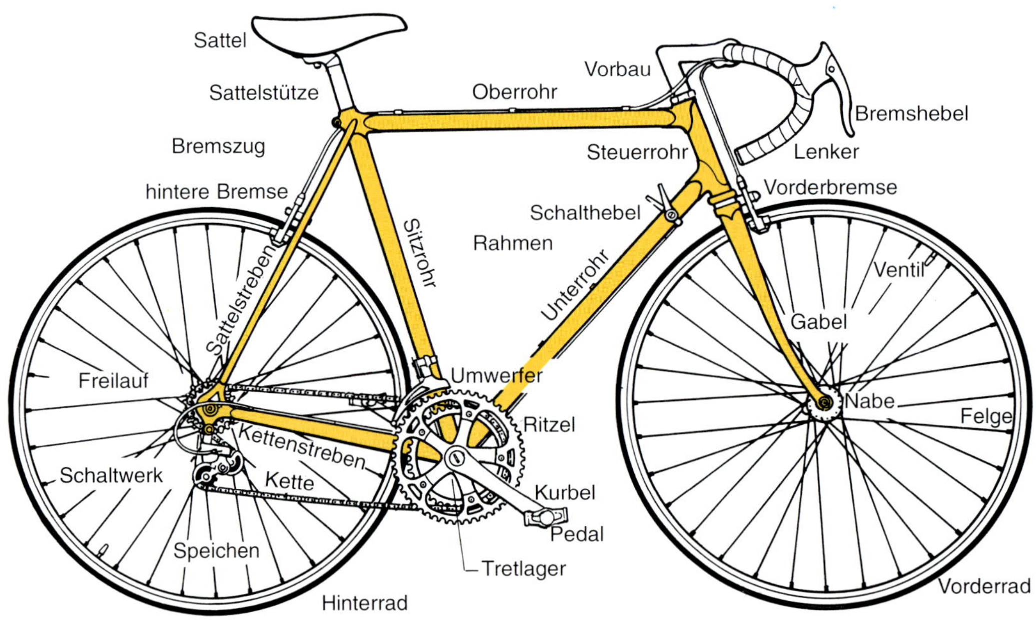

Abb. 1.1 - Fahrradkomponenten

***Oben:** Dank eines Schnellspanners geht der Ausbau eines Laufrades schnell vonstatten. Zum Öffnen wird der Hebel umgelegt. Dann kann das Rad herausgenommen bzw. eingesetzt werden.*

***Unten:** Zum Ausbau eines Hinterrades wird das Schaltwerk nach hinten gezogen, damit die Kette vom Zahnkranz freikommt.*

im Rahmen entweder durch einen Schnellspanner oder durch Achsmuttern gehalten.

Steuerung

Das Steuerungssystem wird in Kapitel 8 analysiert. Seine Teile sind nötig, um das Rad zu steuern und die Balance zu halten. Es handelt sich um Gabel, Lenker, Vorbau und Steuersatz. Letzterer ermöglicht den übrigen Steuerungskomponenten, durch Einschlagen des Lenkers sich in Relation zum Rest des Rades zu drehen.

Rahmen

Der Rahmen, in Kapitel 9 vorgestellt, ist das Rückgrat des Rades. An ihm werden alle übrigen Komponenten befestigt. Er besteht aus Rohren, die verlötet oder verschweißt werden: Ober- und Unterrohr, Steuerrohr und Sitzrohr. Der Hinterbau besteht aus dünneren Rohrpaaren, den Sattel- bzw. Kettenstreben. Am Tretlagergehäuse treffen sich Unter- und Sitzrohr sowie Kettenstreben. In die Ausfallenden wird die Hinterachse eingesetzt. Zum Glück bedarf der Rahmen selten einer Reparatur. Wenn er aber tatsächlich Schaden nimmt, ist es oft wirtschaftlicher, sich nach einem neuen Rad umzusehen.

Sattel

Der Sattel wird auf der Sattelstütze befestigt, die wiederum im Sitzrohr des Rahmens durch Klemmung gehalten wird. Die Verbindungen zwischen Sattel und Stütze bzw. Stütze und Sitzrohr dienen auch dazu, Höhe, Position und Neigung des Sattels zu bestimmen. Das Thema wird in Kapitel 10 behandelt.

Zubehör

Hierunter sind zusätzliche Komponenten zu verstehen, die am Fahrrad angebracht werden können. Montage bzw. Wartung von Lichtanlage, Gepäckträger, Ständer, Schutzblechen und Kettenschutz sowie Computer, Schloß und Pumpe werden in Kapitel 11 besprochen.

Schnellhilfe

In diesem Abschnitt finden Sie kurze Hinweise, was bei den am häufigsten auftretenden kleineren Störungen zu tun ist: die Benutzung des Schnellspanners zum Radausbau, Schlauchwechsel beim Reifendefekt, Einstellung von Schaltung und Bremsen. Sie benötigen kein Werkzeug außer zwei Deckenhebern. Die Passagen sind in erster Linie als Einstiegshilfen für die detaillierteren Reparatur- und Wartungsanleitungen der Kapitel 4 bis 11 gedacht.

Oben: Zum Justieren der Schaltung wird die Rändelschraube am Schaltwerk verdreht, um den Zug zu straffen oder zu lockern.

Unten: Ähnlich werden die Bremsen nachgestellt, um ihre Wirkung zu erhalten. Die Justierschraube findet sich beim MTB am Bremsgriff, während sie beim Rennrad an der Bremse selbst sitzt.

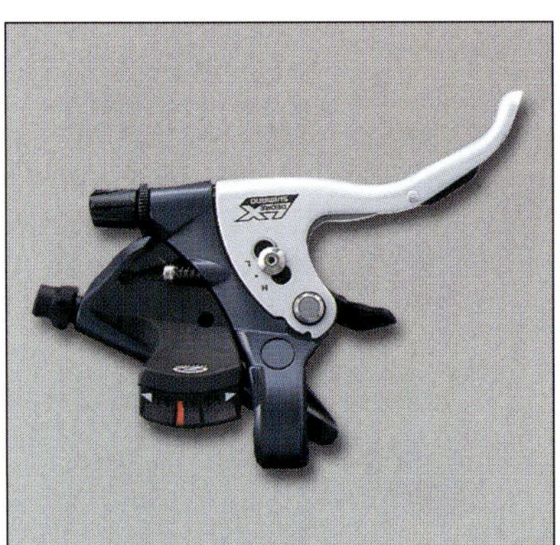

Bedienung des Nabenschnellspanners

Zum Ausbau des Laufrades wird zuerst die Bremse geöffnet. Beim Rennrad findet sich hierzu ein Hebel an den Bremszangen; am MTB wird ein Nippel des Querzuges der Bremse ausgehängt.

Legen Sie den Hebel des Schnellspanners in Position „offen“ um.
Zum Hinterradausbau ziehen Sie den Schaltwerkarm nach hinten, während Sie das Laufrad aus den Ausfallenden drücken.

Wenn das Rad nicht freikommt, halten Sie die Gegenmutter des geöffneten Schnellspanners fest und drehen diesen an seinem Hebel um ein oder zwei Umdrehungen im Gegenuhrzeigersinn.

Beim Einbau des Rades müssen Sie den Schnellspanner so justieren, daß der Hebel voll umgelegt werden kann, aber zuvor ein deutlicher Widerstand zu überwinden ist. Siehe auch Kapitel 7.

Reifenpanne - Ersatzschlauch einziehen

Zum Schlauchwechsel bauen Sie das Rad aus, schieben einen Deckenheber unter den Reifenwulst und hängen den Hebel an einer Speiche ein. Schieben Sie den zweiten Heber unter die Decke und lassen Sie ihn einmal am gesamten Felgenumfang entlanggleiten.

Drücken Sie das Ventil durch das Ventilloch und nehmen Sie den Schlauch heraus. Fühlen Sie vorsichtig die Reifeninnenseite nach Fremdkörpern ab. Das Felgenband muß sämtliche Nippel abdecken.

Legen Sie den neuen, ganz leicht aufgepumpten Schlauch in den Reifen. Schieben Sie als erstes das Ventil unter die Decke und in das Ventilloch. Drücken Sie den Reifenwulst auf die Felge. Pumpen Sie den Reifen auf. Prüfen Sie, ob Reifen und Schlauch korrekt sitzen.

Schaltwerk justieren

Wird bei einer Indexschaltung die Kette vom kleinsten Ritzel abgeworfen, muß die Rändelschraube des Schaltwerkes im Gegenuhrzeigersinn gedreht werden, um den Zug zu straffen. Läuft die Kette dagegen vom großen Ritzel in die Speichen ab, muß der Zug durch Drehen im Uhrzeigersinn entspannt werden. Siehe Kapitel 4.

Bei Störungen an einer Nabenschaltung schalten Sie in den Gang, in dem die Schaltzüge am wenigsten gespannt sind. Mit den Schraub- oder Schiebehülsen an den Zugenden sorgen Sie dann dafür, daß die Züge in dieser Stellung straff sind, aber nicht unter Spannung stehen.

Bremse nachstellen

Beim MTB sitzen die Bremseinsteller an den Bremsgriffen, beim Rennrad an den Bremsen. Lösen Sie die Kontermutter und drehen Sie die Rändelschraube im Uhrzeigersinn, um die Bremse weiter zu öffnen, und im Gegenuhrzeigersinn, um die Bremse enger zu stellen. Vergessen Sie nicht, anschließend die Kontermuttern wieder anzuziehen. Genaueres können Sie in Kapitel 5 nachlesen.

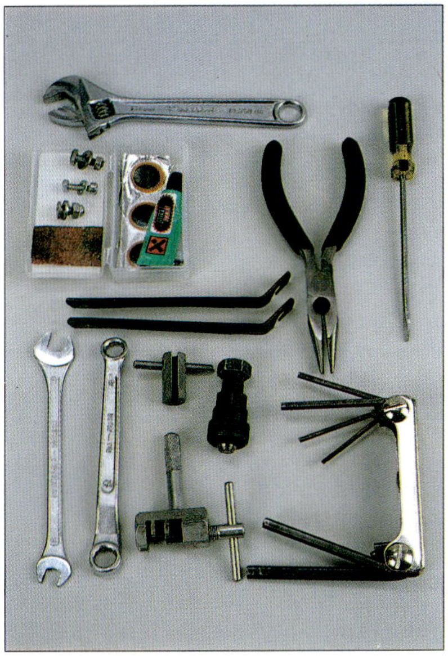

Oben: Werkzeugsortiment, das leicht mitgeführt werden kann, Ihnen aber auch als gute Grundausstattung zu Hause dient.

Unten: Als nächstes sollten Sie einige dieser Werkzeuge anschaffen, z.B. Konus- und Tretlagerschlüssel, Bowdenzugschneider, Kurbelabzieher und weitere Inbusschlüssel.

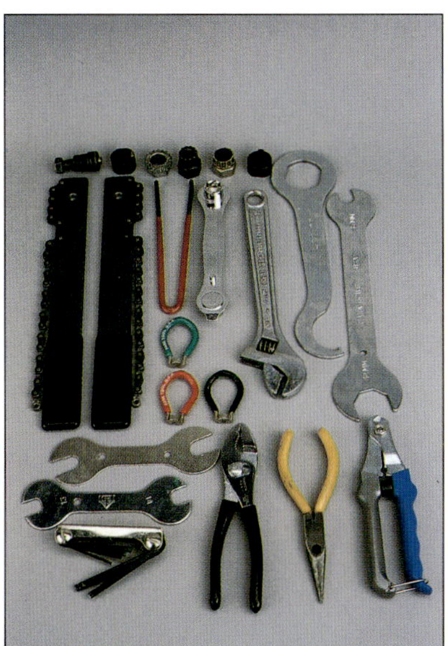

Handwerkszeug

In diesem und dem nächsten Kapitel befassen wir uns mit allgemeinen Themen. Zunächst stelle ich die wichtigsten Werkzeuge für die Arbeit am Fahrrad vor. In Kapitel 3 behandeln wir häufige Einzeltätigkeiten wie Zugjustage, Schraubverbindungen, Schnellspanner und Kugellager. Dasselbe Kapitel enthält auch allgemeine Hinweise zur vorbeugenden Fahrradpflege anhand eines leicht verständlichen Wartungsplanes.

Obwohl man viele tausend Mark für Fahrradwerkzeug ausgeben kann, lassen sich mindestens 90 Prozent aller anfallenden Arbeiten mit relativ bescheidener Ausrüstung erledigen. Von diesen Werkzeugen sind nur einige wenige so essentiell, daß man sie auch unterwegs immer dabei haben sollte. Bei manchen handelt es sich um Universalwerkzeuge, die man in jeder Eisenwarenhandlung kaufen kann, andere, spezialisierte Fahrradwerkzeuge lassen sich nur über den gut sortierten Fahrradhandel bzw. -versand beschaffen.

Werkzeugwahl

Qualität zahlt sich bei Werkzeug noch mehr aus als bei anderen Produkten. Oft habe ich ähnlich aussehende Werkzeuge gesehen, die sich um den Preisfaktor Drei oder Vier unterschieden. Aus Unerfahrenheit erwarb ich häufig die billigste Version. Dies ist ein Fehler - das halb so billige Werkzeug hält nämlich noch nicht einmal halb so lang wie sein teureres Gegenstück. Oft ist die Passung auch unpräzise, wodurch Schäden an Werkzeug und Fahrrad verursacht werden können. Nach einigen schlechten Erfahrungen werden Sie wahrscheinlich doch noch die teure Ausführung anschaffen, und dann war die Ausgabe für die Billigversion völlig vergebens.

Nachdem wir uns auf die Anschaffung des bestmöglichen Werkzeugs geeinigt haben, können wir uns dies nun im einzelnen ansehen, unterteilt in allgemeines Werkzeug und Fahrrad-Spezialwerkzeug. Ganz selten benötigte Ausrüstung, mit der sich der Amateur kaum je abgeben wird, erwähne ich erst später in den Textpassagen, die die dazu gehörigen Tätigkeiten zum Inhalt haben.

Es folgt jetzt eine Liste der meisten der gebräuchlichen Werkzeuge (einige mit Abbildung), die in diesem Buch Erwähnung finden. Die Länge der Liste sollte Sie nicht abschrecken; Sie benötigen nicht unbedingt jedes dieser Werkzeuge. Der Abschnitt *Bordwerkzeug* enthält die unbedingt erforderliche Ausrüstung, über die Sie von Anfang an verfügen sollten. Alle übrigen Teile können Sie nach und nach bei aktuellem Bedarf anschaffen. Am Fahrrad finden sich nahezu ausnahmslos metrische Schrauben. Das Schrauben- und Werkzeugmaß in Millimetern gibt den Abstand gegenüberliegender, paralleler Flächen eines Schraubenkopfes an und hat nichts mit dem Gewindedurchmesser zu tun.

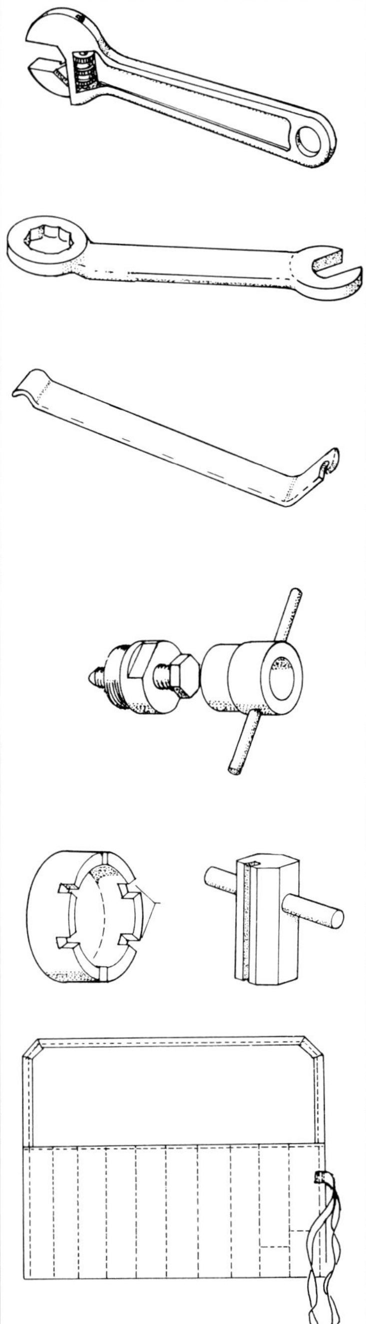

Abb. 2.1 Von oben nach unten: einstellbarer Schraubenschlüssel, Ring-/Gabelschlüssel, Deckenheber, Kurbelabzieher (mit Schlüssel für Kurbelschraube), Nippeldreher, Tasche.

In den Kapiteln 4 bis 11 sind bei jeder Tätigkeit die dazu benötigten Werkzeuge angegeben. Es kann sein, daß für Ihr Fahrrad einige der angegebenen Werkzeuge überhaupt nicht erforderlich sind. Dies sollten Sie daher jeweils als erstes überprüfen.

Allgemeines Werkzeug

Dies kann zum Beispiel in jedem Eisenwarengeschäft beschafft werden. Ich gebe jeweils die benötigten Maße an.

Schraubendreher
Die Größe eines Schraubendrehers richtet sich nach der Breite der Klingenspitze. Sie benötigen einen 4-mm- und einen 6- oder 7-mm-Schraubendreher. Ferner ist eventuell ein Kreuzschlitzschraubendreher erforderlich. Meist wird Größe 2 gebraucht.

Einstellbare Schraubenschlüssel
Hier ist das Maß die Grifflänge. Kaufen Sie ein Modell mit 150-mm-Griff und eines mit 200 mm, besser noch 250 mm.

Ringschlüssel
Dies sind die präzisesten Werkzeuge zum Lösen bzw. Anziehen von Sechskantmuttern bzw. -schrauben. Sie brauchen Größen von 7 bis 16 mm, wie üblich gemessen zwischen gegenüberliegenden Parallelflächen.

Gabelschlüssel
Sie sind die gebräuchlichsten Schraubenschlüssel und werden dann benutzt, wenn sich ein Ringschlüssel nicht ansetzen läßt. Auch hier benötigen Sie die Größen von 7 bis 16 mm.

Ring-/Gabelschlüssel
Sie haben an einem Ende eine Gabel- und am anderen eine Ringöffnung gleicher Größe. Besser als je ein Satz Ring- und Gabelschlüssel sind daher zwei Sätze Ring-/Gabelschlüssel, wiederum von 7 - 16 mm. Zwei deshalb, weil man häufig zum Kontern zwei Schlüssel gleicher Größe gleichzeitig benötigt.

Inbusschlüssel
Dies sind L-förmige Stahldrähte mit Sechskantprofil. Entsprechend weisen Inbusschrauben, am modernen Fahrrad weit verbreitet, eine Sechskantöffnung am Kopf auf. Die benötigten Größen reichen von 2 bis 9 mm. Als Satz am Ring gekauft gehen vor allem die kleinen Größen nicht so leicht verloren.

Hammer
Das Maß hier ist das Gewicht. Kaufen Sie einen 300-g-Schlosserhammer - flach an einem, keilförmig zulaufend am anderen Ende. Ein Holz- oder Plastikhammer mit gleichem Gewicht ist ebenfalls oft nützlich.

Säge
Wird oft im Notfall gebraucht, wenn sich verbogene oder festgerostete Teile sonst nicht lösen lassen, oder um am Schraubenkopf den beschädigten Schlitz zu vertiefen, bis der Schraubendreher wieder faßt. Bei einer Metallsäge ist die Länge des Blattes das bestimmende Maß. Ich würde 20 cm vorschlagen.

Feilen
Es gibt verschiedene Längen, Formen und Gradationen. Kaufen Sie eine ziemlich feine Dreikantfeile von 20 cm Länge, um z.B. die Schnittenden von Außenzügen zu versäubern, überlange Speichen zu kürzen oder Grate und Kanten von beschädigten oder gesägten Teilen zu entfernen.

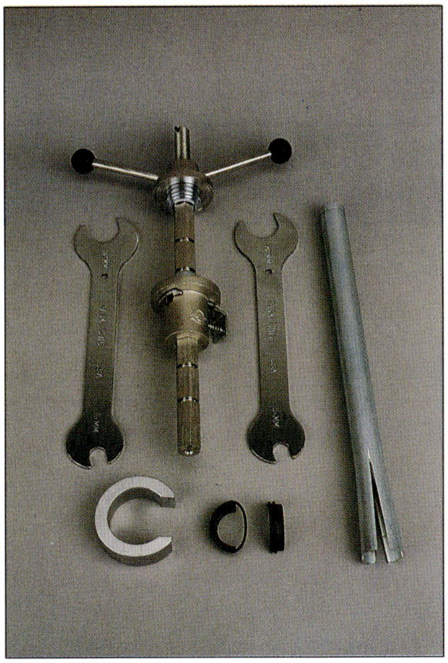

Oben: Steuersatz-Werkzeuge. Die beiden Flachschlüssel dienen zum Justieren des Lagers, der Rest dem Ein- bzw. Ausbau. Letztere Arbeiten überlassen die meisten Fahrradbesitzer ihrer Werkstatt.

Unten: Diese zusätzlichen Werkzeuge benötigt man zum Bau wirklich hochwertiger Laufräder: Zentrierständer und -lehre sowie Speichenspannungsindikator.

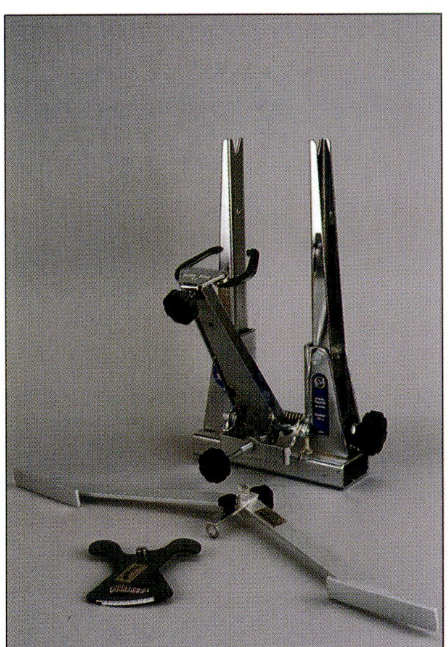

Spezialwerkzeug

Die folgende Liste enthält alle speziellen Fahrradwerkzeuge, die Sie als Nicht-Profi voraussichtlich brauchen. Eine wesentlich bescheidenere Auswahl, beschrieben unter *Bordwerkzeug*, reicht im allgemeinen auch bereits aus, falls es nicht um größere Arbeiten geht.

Sobald wir zu den eigentlichen Reparaturanleitungen kommen, erwähne ich zusätzliche Werkzeuge, die noch höher spezialisiert sind. In vielen Fällen werden Sie Ihre Werkstatt fragen müssen, damit Sie die genau zu Ihrem Rad und seinen Komponenten passende Ausführung des betreffenden Spezialwerkzeugs bekommen. Aus diesem Grund sollten Sie Ihr Rad mitnehmen, wenn Sie Werkzeug kaufen.

Pumpe

Obwohl häufig als Zubehörteil angesehen, ist die Pumpe auch ein wichtiges Werkzeug, speziell beim MTB, da im Gelände die nächste Tankstelle bzw. Werkstatt oft weit entfernt ist. Die Pumpe muß zu Ihrem Ventiltyp passen (Sclaverand- und Blitzventil oder Autoventil, vgl. Kapitel 7). Es gibt auch Pumpen, die beide Ventilnormen bedienen können. CO2-Kartuschen füllen Reifen schneller als eine Pumpe, aber da man im allgemeinen für das Befüllen jedes Reifens eine neue Kartusche benötigt, lohnt sich das System nicht, außer Sie fahren Rennen.

Luftdruckprüfer

Damit der Reifendruck auch wirklich stimmt, ist ein Luftdruckprüfer empfehlenswert, mindestens zu Hause. Am besten kaufen Sie für dort eine Standpumpe mit eingebautem Manometer. Ein separater Luftdruckmesser muß wieder zum Ventil passen. Am Blitzventil ist eine Messung nicht möglich.

Deckenheber

Sie werden fast nur noch aus Kunststoff hergestellt. Man benutzt sie bei Reifenwechsel oder -panne, um die Decke von der Felge zu heben. Wählen Sie dünne, flache, die sich aber nicht durchbiegen lassen. Viele Reifen, speziell beim MTB, sitzen so locker, daß man nur einen oder zwei Hebel benötigt. Häufig läßt sich der Reifen sogar von Hand abziehen.

Flickzeug

Flickzeugsets enthalten, was sonst noch bei einer Reifenpanne wichtig ist: Flicken, Gummilösung, Schmirgelpapier. In der Flickzeugdose kann man auch noch andere Kleinteile aufbewahren, z.B. Ersatz-Glühbirnen, Reserve-Schrauben / -muttern, Pumpendichtgummi und, für Notreparaturen, Klebeband.

Nippeldreher

Dieser wird benötigt, um Speichen zu spannen, zu entfernen oder einzubauen. Qualität ist hier besonders entscheidend. Kaufen Sie für jede Nippelgröße einen eigenen Nippeldreher.

Kurbelschraubenschlüssel

Dieses Werkzeug wird normalerweise in Kombination mit dem Kurbelabzieher (s.u.) angeboten. Der Schlüssel wird für die Schrauben benötigt, die die Kurbeln auf der Achse halten. Achten Sie auf die richtige Größe, da diese von Hersteller zu Hersteller und manchmal von Modell zu Modell variiert.

Kurbelabzieher

Dieses Werkzeug wird in das Gewinde der Kurbel geschraubt und drückt sie von der Achse. Hier zählt wiederum Qualität, vor allem aber

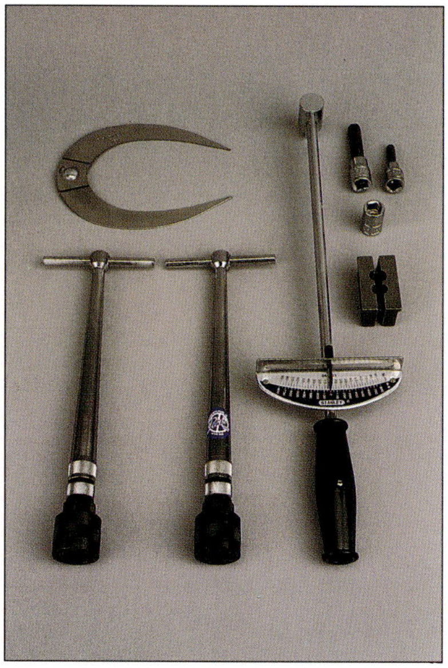

Oben: Einige Spezialwerkzeuge, unter ihnen Rahmenlehren, Richtwerkzeuge für Ausfallenden, Achsspannbacken und - damit kritische Verbindungen korrekt angezogen werden - Drehmomentschlüssel.

Unten: Häufig benötigt: Grundausstattung an Schmier- und Reinigungsmitteln.

muß der Abnehmer auch für Ihre Kurbeln passend sein.

Freilaufabnehmer
Er dient dazu, den Freilauf von der Nabe abzunehmen und muß präzise zu dem an Ihrem Rad vorhandenen Freilauf passen.

Kettenhebel
Wird benötigt, um die Ritzel vom Freilauf zu entfernen. Je nach Freilauf brauchen Sie entweder zwei Kettenhebel oder nur einen, diesen dann aber in Verbindung mit einem zu Ihrem Freilauf passenden, speziellen Werkzeug.

Kettennieter
Er dient dazu, Schaltketten durch Herausdrücken eines Nietes zu öffnen, wenn die Kette abgenommen werden soll.

Konusschlüssel
Dies sind sehr flache Gabelschlüssel, die für Arbeiten an der Nabe benötigt werden. Es gibt verschiedene Größen. Kaufen Sie ein Paar in dem an Ihren Radnaben benötigten Maß.

Tretlagerschlüssel
Sind erforderlich für Wartungsarbeiten am Tretlager. Viele Tretlager erfordern ganz speziell auf das jeweilige Modell abgestimmte Schlüssel. Achten Sie beim Kauf hierauf.

Steuersatzschlüssel
Es handelt sich um große, flache Gabelschlüssel, die zu Arbeiten am Steuersatz dienen. Da es inzwischen diverse Steuerlagerdurchmesser gibt, müssen Sie auch hier auf die richtige Größe achten.

Schmier- und Reinigungsmittel

Zusätzlich zu obigem Werkzeug benötigen Sie noch Mittel zum Säubern Ihres Rades und zum Schmieren der beweglichen Teile zwecks Minimierung von Reibung und damit Maximierung der Lebensdauer. Sie sollten über folgendes verfügen:

Lagerfett
Achten Sie darauf, daß Sie ein Produkt auf Lithium-Basis erhalten. Es kann, muß aber nicht unbedingt speziell für den Fahrradbereich angeboten werden.

Kettenschmierung
Alles, was zu diesem Zweck angeboten wird, ist grundsätzlich brauchbar.

Öl
Auch hier können Sie ein spezielles Fahrradöl oder jedes Mineralöl von SAE40-Motoröl bis SAE60-Getriebeöl verwenden.

Kriechöl
Gibt es entweder als Spray oder in Spritzflaschen. Caramba ist der bekannteste Vertreter dieser dünnflüssigen Öle, die in Spalten und Ritzen eindringen und mit deren Hilfe man auch rostige Schrauben und Muttern nach einiger Wartezeit losbekommt.

Montagepaste
Dieses Produkt wird in Schraubverbindungen speziell zwischen Stahl- und Aluteilen eingebracht und verhindert, daß die Teile sich festfressen.

Oben: Werkzeuge werden häufig paarweise benötigt, so hier beim Kontern von Mutter und Schraube mittels zweier Gabelschlüssel.

Unten: Werkzeuge müssen über einen angemessenen Hebelarm verfügen. Zusätzlich hilft ein Widerlager für Ihre Hand, daß Sie ausreichend Kraft ausüben können.

Lösungsmittel
Als Alternative zu solchen auf Petroleumbasis gibt es auch Lösungsmittel aus Zitrusöl, die erheblich umweltfreundlicher sind. Verwenden Sie keine Lackverdünnung, da diese nicht nur Schmutz und Fett entfernt, sondern auch Farbe und sogar den Klebstoff geklebter Rahmen und Komponenten angreift.

Wachs
Sowohl lackierte als auch blanke Metallflächen werden am besten mit Autowachs konserviert, sobald Sie sie gereinigt haben. Verwenden Sie kein Möbelwachs. Dieses enthält häufig Lösungsmittel, die Alu- oder Lackflächen angreifen könnten.

Behälter
Eine flache Schale zum Auffangen abtropfender Flüssigkeiten beim Reinigen oder Ölen; ein Glas zum Auswaschen von Pinseln und Kleinteilen.

Putzlappen
Sie benötigen einen sauberen und einen fettigen. Um letzteren zu erhalten, tränken Sie ihn mit Öl oder Fett oder warten, bis ein sauberer Lappen im Gebrauch automatisch fettig geworden ist.

Pinsel
Kaufen Sie einen 2 und einen 4 Zentimeter breiten Malerpinsel. Zur Reinigung versteckter Winkel eignen sich am besten zylindrische Flaschenbürsten, die es ebenfalls in verschiedenen Größen gibt.

Sonstige Reinigungshilfen
Viele Reinigungsarbeiten lassen sich am besten mit Wasser und einem Lappen erledigen. Ansonsten empfiehlt sich eine Mischung aus Petroleum oder Lösungsmittel mit 5% Mineralöl.

Bordwerkzeug

Nur eine sehr begrenzte Anzahl der oben genannten Werkzeuge sind so wichtig, daß man sie stets mitführen sollte. Bei einem MTB-Ausflug fern von Tankstellen oder Werkstätten durch die freie Natur, wo Hilfe und Mitfahrgelegenheiten unwahrscheinlich sind, muß man mehr mitnehmen als für Straßentouren in belebtem Gebiet. Die folgende Liste spiegelt nur meine persönlichen Vorstellungen wider. Sie können sie nach Belieben modifizieren.

Mit wachsender Erfahrung werden Sie vielleicht entscheiden, die Liste abzuändern auf Komponenten, mit denen Sie persönlich sich am wohlsten fühlen. Das Wichtigste bei jeglicher Auswahl ist jedoch die Kompatibilität von Werkzeug mit den Teilen an Ihrem speziellen Fahrrad. Das Mitführen von Werkzeug, das an Ihrem Rad überhaupt nicht erforderlich ist, wäre sinnlos. Sind Sie andererseits mit einer Gruppe unterwegs, empfiehlt sich die Mitnahme eines gemeinsamen Werkzeugsatzes, mit dem sich sämtliche Räder warten lassen. Besonders bei längeren Touren zählt jedes Gramm, und genügend Vorbereitungszeit steht dann ebenfalls zur Verfügung.

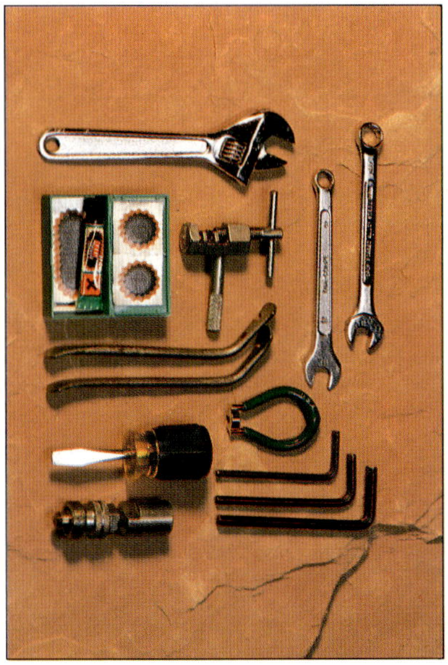

Dieses Werkzeug, abgestimmt auf die am jeweiligen Rad erforderlichen Maße, sollte bei einem Ausflug auf dem MTB mitgeführt werden.

Stellen Sie sich eine Werkzeugtasche her, wie sie in Abb. 2.1 dargestellt ist. Diese kommt in eine Packtasche oder wird direkt an ein Rahmenrohr oder unter den Sattel geschnallt. Die Tasche darf nicht umherschwingen können. Ggf. befestigen Sie sie z.B. nicht nur am Sattel, sondern zusätzlich noch an der Sattelstütze. Ein Sattelbeutel kann ebenfalls als Werkzeugtasche dienen.

Meine Vorschlagsliste umfaßt folgendes:

- einstellbarer Schraubenschlüssel
- 2 oder 3 Deckenheber
- Flickzeug
- Schraubendreher, 4 mm
- Inbusschlüssel, 2, 3, 4, 5 und 6 mm
- Pumpe
- Spitzzange
- Nippeldreher
- Kettennieter
- Schlüssel für Kurbelschrauben

Oben und unten: Zwei Methoden, am Rad zu arbeiten: Wenn Sie sich keinen echten Reparaturständer (oben) leisten wollen, können Sie sich mit einem simplen Verkaufsständer (unten) gut behelfen, der das Hinterrad vom Boden abhebt, während Sie am Rad arbeiten.

Grundlagen

Bevor wir zu detaillierteren Wartungs- und Reparaturarbeiten an einzelnen Komponenten und Baugruppen übergehen bzw. uns spezifischen Problemen zuwenden, sollten wir hier zunächst einige grundlegende Arbeitstechniken abhandeln, die beim Fahrrad häufig anfallen, so z.B. den allgemeinen Umgang mit Schraubverbindungen, Bowdenzügen und deren Justierung, Kugellagern und ihrer Wartung und Einstellung. Der zweite Abschnitt dieses Kapitels befaßt sich dann mit vorbeugenden Pflegemaßnahmen.

Schraubverbindungen

Viele Fahrradteile sind mit Schraubverbindungen am Rad befestigt oder bestehen selbst aus geschraubten Teilen. Wir reden nicht nur von Schrauben und Muttern, sondern auch von etlichen anderen Komponenten. Alle Schraubverbindungen beruhen auf dem gleichen Grundprinzip: Ein zylindrisches Teil wird in ein entsprechendes Loch geschraubt. Beide Komponenten weisen ein übereinstimmendes Gewinde auf, bestehend aus einer gewendelten Nut. Ist der Zylinder voll eingedreht, werden die Flanken der Nuten so gegeneinander gepreßt, daß die Reibung ein selbständiges Verdrehen der Teile verhindert und die Verbindung hält.

Schraubgewinde werden mit ihrem nominellen Maß bezeichnet, normalerweise in Millimetern. Zusätzlich können Steigung und Winkel variieren, ganz abgesehen davon, daß es Rechts- und Linksgewinde gibt. Mit Ausnahme einiger Komponenten des Antriebsstranges (linkes Pedal, Tretlager) finden sich durchweg Rechtsgewinde.

Die meisten Schrauben und Muttern sind standardisiert, d.h. ihre Steigung und ihr Winkel sind bei gleichem Durchmesser identisch. Bei einigen anderen Komponenten fehlt die Norm: Es gibt mindestens drei verschiedene Standards für Steuer- bzw. Tretlager und Freiläufe. Obwohl es sich um große Ausnahmen handelt, werden Sie früher oder später doch auf französische oder italienische Gewindenormen stoßen. Es ist daher wichtig, zu ersetzende Teile oder solche, an denen mit einer Schraubverbindung ein Zusatzelement befestigt werden soll, mit ins Geschäft zu nehmen, wenn Sie etwas kaufen, damit die Kompatibilität an Ort und Stelle überprüft werden kann.

Ob Schraube, Mutter oder ein sonstiges Teil mit Schraubgewinde: Im Grundsatz werden alle gleich behandelt. Sie fixieren die eine Komponente einer Schraubverbindung, während Sie die zweite gegen die erste verdrehen - nach rechts zum Anziehen bzw. nach links zum Lösen. Exakt passendes Werkzeug ermöglicht besten Halt und vermeidet Schäden an den Werkstücken. Um die zu bewegende Komponente zu drehen, muß das Werkzeug einen ausreichenden Hebelarm aufweisen (wie z.B. ein langer

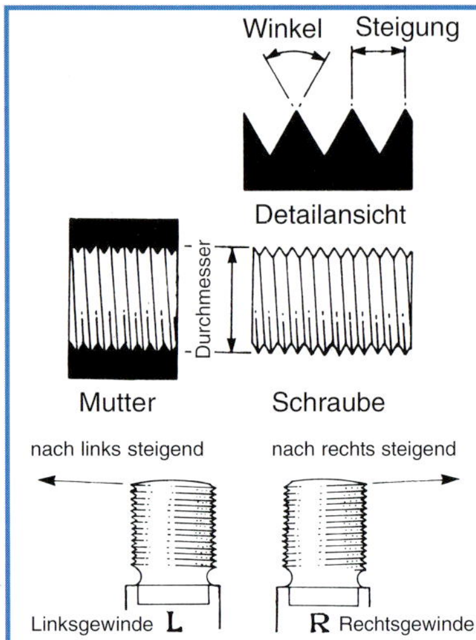

Abb. 3.1
Schraubgewinde

Unten: Nicht nur Schrauben und Muttern, sondern auch viele andere Fahrradkomponenten sind Teil einer Schraubverbindung.

Schraubenschlüssel), während zur Konterung meist weniger Kraft benötigt wird (Schraubendreher, kürzerer Schlüssel).

Alle Schraubverbindungen sollten sauber und leicht gefettet sein. Läßt sich eine Schraube schlecht lösen, wird zunächst etwas Kriechöl in den Spalt zwischen Schraube und Mutter gegeben. Damit sich eine Schraube maximal anziehen und auch wieder lösen läßt, kommt eine normale Unterlegscheibe unter den Schraubenkopf. Für Schraubverbindungen zwischen einem Stahl- und einem Alu-Teil benötigt man Montagepaste, damit die Verbindung nicht unlösbar wird.

Damit umgekehrt Verbindungen sich nicht durch Vibrationen während der Fahrt von selbst lösen, wird die Verschraubung häufig noch speziell gesichert. Dies geschieht durch Kontermuttern, Federscheiben oder selbstsichernde Muttern. Bei der Kontermutter handelt es sich um eine zweite Mutter, die gegen die erste gedreht wird und im Gewinde zusätzliche hohe Reibung durch gegenläufigen Druck erzeugt. Die Federscheibe gleicht Vibrationsbewegungen zwischen verschraubten Teilen aus und hält diese somit zusammen. Selbstsichernde Muttern weisen einen Nyloneinsatz auf, in den sich die Schraube hineinschneiden muß und der letztere durch seine Elastizität hält. Probleme mit Verbindungen, die sich ungewollt lockern, können Sie mittels einer dieser Methoden angehen. Besteht das Problem fort, ist mindestens eine der Komponenten wahrscheinlich so verschlissen, daß sie ersetzt werden muß. In der Regel sind sogar beide Komponenten betroffen.

Schrauben und Muttern gibt es in verschiedenen Ausführungen. Es ist jeweils spezifisches Werkzeug erforderlich. Normale Schraubenköpfe und Muttern weisen eine Sechskantform auf. Sie werden mit einem Gabel-, Steck- oder Ringschlüssel bedient. Die beiden letztgenannten Arten sind vorzuziehen, da sie die Schraube präziser fassen und die Gefahr einer Beschädigung geringer ist. Schrauben mit konventionellem Langschlitz werden mit einem normalen Schraubendreher gelöst bzw. angezogen, Kreuzschlitzschrauben mit einem Kreuzschlitzdreher. Zunehmend beliebter wird die Inbusschraube, die am Kopf eine Sechskantvertiefung aufweist. Man benötigt für sie einen Inbusschlüssel, d. h. ein Werkzeug mit passendem Sechskantaußenprofil. Sofern Sie paßgenaues Werkzeug verwenden (keinen einstellbaren oder überlangen Schraubenschlüssel) und sich exzessiver Kraft enthalten, dürften beim Verschrauben keine Schäden auftreten. Sofern Sie ungewohnten Widerstand verspüren, sollten Sie die zu verschraubenden Teile besser ersetzen, anstatt rohe Gewalt anzuwenden oder zu Schlüsseln mit längerem Hebelarm zu greifen.

Bowdenzüge

Fahrradbremsen und -schaltungen werden mit Bowdenzügen betätigt, die zwischen Schalt- bzw. Bremshebel und dem relevanten Mechanismus sitzen. Der Innenzug überträgt Zugkräfte, während die Außen- oder Zughülle die entstehende Gegendruckkraft auffängt.

Innenzüge weisen an einem Ende einen Nippel auf und werden mit ihrem freien Ende an Bremse oder Schaltung festgeklemmt. Endhülsen sitzen an den Enden der Zughülle, um eine definierte Anlagefläche zu bieten. Das freie Ende von Innenzügen sollte nach dem Ablängen verlötet oder mit einer

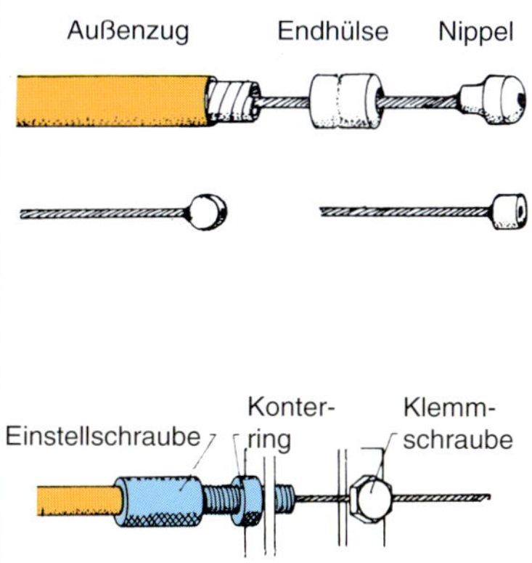

Abb. 3.2
Bowdenzug u. -verstellung

Unten: Bei modernen Bowdenzügen findet sich zwischen Innen- und Aussenzug eine reibungsmindernde Nylonhülle.

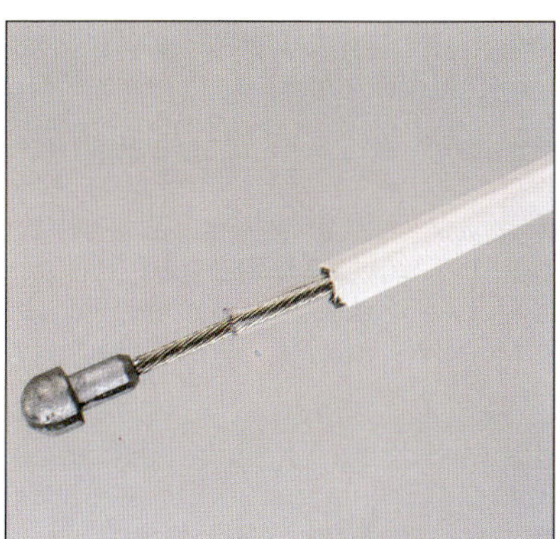

Endkappe versehen werden, damit es nicht auffasert. Züge weisen unterschiedliche Durchmesser und Nippelformen auf, die Sie jeweils unbedingt beachten müssen.

Bei alten Indexsystemen fallen die Schaltinnenzüge sehr steif aus, da sie zu einem gewissen Grad nicht nur Zug-, sondern auch Druckkräfte übertragen müssen. Bremsinnenzüge haben einen großen Durchmesser, um hohe Kräfte übertragen zu können, ohne sich dabei zu dehnen. Die Durchmesser von Innen- und Außenzug müssen aufeinander abgestimmt sein, damit sich der Innenzug reibungsarm bewegen kann.

Züge für Bremsen und konventionelle Schaltungen sollten regelmäßig gereinigt und geschmiert werden. Index-Schaltzüge werden nur gereinigt, aber nicht geschmiert, da hier immer Niro-Innenzüge und Nylon-Zwischenhüllen vorhanden sind, bei denen sich eine zusätzliche Schmierung erübrigt.

Um einen normalen Zug zu schmieren, ziehen Sie diesen durch einen gefetteten Lappen. Den eingebauten Zug können Sie nachschmieren, indem Sie Öl in den Spalt zwischen Außen- und Innenzug sprühen. Halten Sie einen Lappen um den Zug, um überschüssiges Öl aufzufangen.

Beim Kauf neuer Innenzüge empfehle ich solche aus Niro. Wichtiger ist jedoch, daß sie die korrekte Nippelform und -größe aufweisen, die zur Aufnahme im Hebel paßt. Außenzüge gibt es mit Nylon- oder Teflonbeschichtung, mit denen sich vielen potentiellen Wartungsproblemen vorbeugen läßt.

Zur Einstellung von Schaltung oder Bremse muß häufig der Zug justiert werden. Überprüfen Sie zunächst, ob das Zugende fest in der Klemmung gehalten wird. Lösen Sie die Kontermutter (normalerweise ein Rändelring), während Sie die Stellschraube festhalten. Drehen Sie diese dann hinaus bzw. herein, bis die Zugspannung stimmt. Halten Sie die Stellschraube fest, während Sie die Kontermutter wieder anziehen.

Wenn die Länge der Stellschraube für eine korrekte Zugeinstellung nicht ausreicht, muß der Klemmpunkt des freien Zugendes versetzt werden. Drehen Sie die Kontermutter zunächst bis an den Kopf der Stellschraube, während Sie diese festhalten. Schrauben Sie die Stellschraube dann ganz ein. Lösen Sie die Mutter der Klemmschraube. Halten Sie den Innenzug mit einer Zange stramm, während Sie die Klemmschraubenmutter wieder festziehen.

Schnellspanner

Schnellspannmechanismen finden sich an den Laufradnaben vieler Fahrräder sowie an Sattelmuffen von MTBs. Weiterhin findet man häufig an Bremskörpern oder -griffen Vorrichtungen zum schnellen Entspannen des Zuges. Sattel- und Nabenschnellspanner arbeiten nach dem gleichen Prinzip: Anstatt die Achse bzw. den Bolzen mit Muttern zu sichern, kommt ein Exzenterklemmhebel zum Einsatz.

Die Rändelmutter am gegenüberliegenden Ende dient nicht dazu, die Verbindung festzuziehen, sondern bietet eine Grundeinstellung, die es dem Hebel gestattet, beim Schließen einen festen Sitz zu erzielen. Zum Öffnen bzw. Schließen wird der Hebel entsprechend umgelegt. Ist die Verbindung

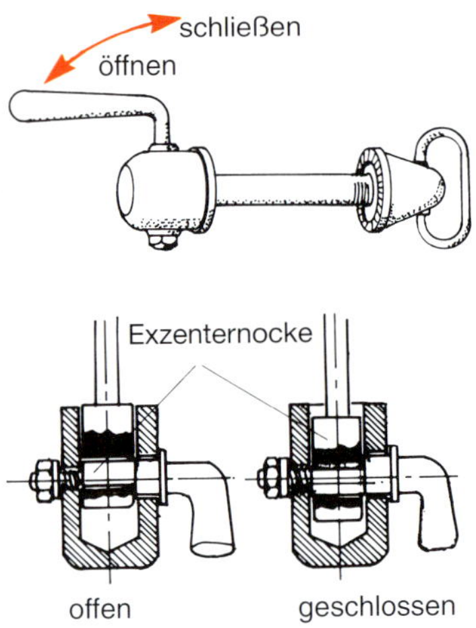

Abb. 3.3
Schnellspanner

Unten: Schnellspanner finden sich an diversen Fahrradkomponenten. Dieser hier klemmt die Sattelstütze in der Sitzkopfmuffe fest.

nicht fest genug, wird der Hebel erst wieder auf „offen" gestellt und die Gegenmutter um eine halbe Umdrehung angezogen, dann der Hebel wieder geschlossen. So wird der Schnellspanner schrittweise justiert, bis er fest sitzt, aber auch weit genug öffnet, um das von ihm zu haltende Teil freigeben zu können.

Inzwischen haben verschiedene Hersteller, z.B. Ringle, spezielle Schnellspanner für Naben und Sättel herausgebracht, die einer besonderen Bedienung bedürfen. Andere Produzenten wiederum plazieren eine Haltevorrichtung zwischen Gabel und Schnellspanner, um dessen ungewolltes Öffnen zu verhindern. Zum Öffnen des Schnellspanners muß erst der Schutzmechanismus weggeklappt werden.

Kugellager

Hiervon gibt es mindestens 14 in jedem Fahrrad: an Steuerkopf, Tretlager und Freilauf sowie pro Laufrad und Pedal finden sich je zwei Lager. Alle funktionieren nach dem gleichen Prinzip. Ihr Zustand hat großen Einfluß auf die mechanische Leistungsfähigkeit des Fahrrades. Kenntnisse ihrer Bedienung, Wartung und Einstellung sind für den ambitionierten Bastler ebenso wichtig wie für jene Radfahrer, die sich lediglich vergewissern möchten, daß ihre Maschine sich im bestmöglichen Funktionszustand befindet.

Es gibt zwei Arten von Kugellagern: konventionelle mit Schale und Konus, und Rillenkugellager. In jedem Fall bedeutet der Terminus Kugellager nicht, daß nur eine Kugel zum Einsatz kommt. Es sind immer jeweils etliche Kugellagerkugeln beteiligt.

Rillenkugellager laufen im Regelfall im neuwertigen Zustand präziser als Standardlager. Auch lassen sie sich besser gegen Wasser und Schmutz dichten. Sie sind jedoch vom Prinzip her keineswegs hochwertiger, und sie lassen sich nur im geringen Umfange warten. Sobald sie nicht mehr sauber laufen, muß man sie austauschen, wozu im allgemeinen Spezialwerkzeug erforderlich ist. Manchmal - aber selten - kann man sie durch einen Ölnippel oder ein hierzu vorgesehenes Loch in dem Teil, in welchem das Lager sitzt, nachschmieren. Sonst können Sie nur vorsichtig die Lagerdichtung mit einem spitzen Werkzeug anheben und Fett hineinpressen.

Konventionelle Kugellager bestehen aus Konus und Schale, die durch Verschraubung gegeneinander verstellt werden können. Zwischen Konus und Schale sitzen die Kugeln, die gefettet werden, um die Reibung zu mindern. In der Regel wird spezielles Lagerfett verwendet.

Das Fett wird normalerweise im Jahresrhythmus erneuert. Hierzu muß das Lager zerlegt werden, wie später beschrieben wird. Säubern und inspizieren Sie sämtliche Teile und ersetzen Sie alle, die beschädigt erscheinen (d.h. Korrosions-, Kraterungs- oder Riefenspuren aufweisen). Die Lagerschale wird mit Fett gefüllt und die neuen Lagerkugeln werden hier hineingelegt, wobei die Kugeln Bewegungsspielraum behalten müssen. Das Lager wird dann zusammengebaut und eingestellt.

Einige Lager sind mit Dichtungen und Schmiernippeln ausgestattet (Grease Guard), die es gestatten, gezielt das Lager zu schmieren, ohne daß hierzu die gesamte Komponente mit Fett ausgefüllt werden müßte. Man benötigt

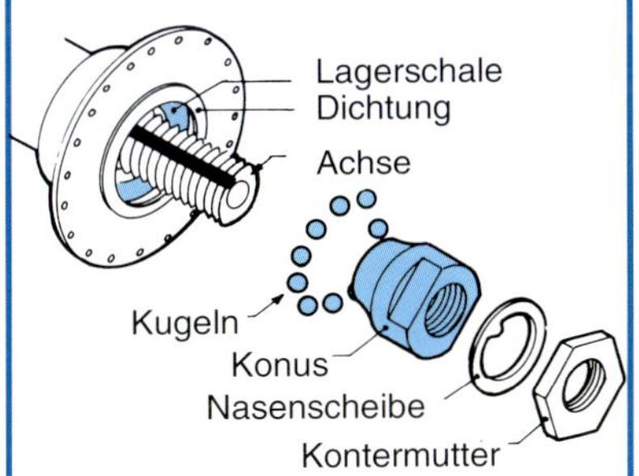

Abb. 3.4
Konventionelles Kugellager

eine spezielle Fettpresse des gleichen Herstellers. Dieses System bietet sich besonders für MTBs oder Räder an, die viel in Nässe und Schmutz gefahren werden und bei denen es daher unzureichend wäre, Lager nur einmal jährlich zu schmieren.

Einstellbare Lager müssen so justiert werden, daß sie mit minimalem Widerstand, aber spielfrei laufen. Zum Einstellen eines Lagers lösen Sie Kontermutter oder -ring, während Sie den darunter befindlichen Konus (Nabe oder Pedal) bzw. die Schale (Steuerkopf und Tretlager) fixieren. Wo vorhanden, wird die zwischen Konterung und Konus bzw. Schale liegende Nasenscheibe angehoben. Schale und Konus können dann gegeneinander verstellt werden, in Schritten von jeweils einer Viertelumdrehung. Schließlich wird die freie Lagerkomponente festgehalten, während Konterring oder -mutter angezogen werden. Erforderlichenfalls muß die Prozedur wiederholt werden.

Arbeitsplatzorganisation

Auf der Straße oder im Gelände können Sie keine hohen Ansprüche stellen, aber für Arbeiten zu Hause sollten Sie sich einen Werkstattbereich organisieren. Dieser muß weder ein separater Raum noch auf Dauer angelegt sein. Wann immer Sie jedoch am Fahrrad arbeiten, sollte die entsprechende Infrastruktur vorhanden sein.

Der Platzbedarf ist gering. Mehr als ca. 2,10 x 1,8 m werden Sie niemals benötigen. Als Minimum sollte dieser Bereich mit den Werkzeugen und Schmier- bzw. Reinigungsmitteln bestückt sein, die im vorausgegangenen Kapitel beschrieben wurden. Zusätzlich benötigen Sie eine Werkbank. Ein alter Tisch oder die Arbeitsplatte in der Küche reichen aus. Die Werkbank sollte im Idealfall über einen größeren Schraubstock verfügen, obwohl sich ca. 98% der in diesem Buch beschriebenen Tätigkeiten auch ohne erledigen lassen.

Als nächstes brauchen Sie eine Halterung für Ihr Rad. Am besten sind freistehende oder an der Wand montierte Reparaturständer.

Ich empfehle einen Ständer, der das Rad vom Boden abhebt. Ausreichend ist aber auch, das Fahrrad auf den Kopf zu stellen und vorn mit einer Eigenbaukonstruktion so zu unterstützen, daß keine am Lenker montierten Teile beschädigt werden.

MTBs und andere Räder mit flachem Lenker benötigen gemeinhin noch nicht einmal eine solche Lenkerunterstützung, sofern keine Teile montiert sind, die nach oben über den Lenker herausragen. Bei einer Reparatur unterwegs bleibt ohnehin nichts anderes übrig, als das Rad auf den Kopf zu stellen. Wann immer hierbei keine ausreichende Unterstützung des Lenkers möglich ist und Teile über den Lenker hinausragen, müssen Sie die Befestigung dieser Teile - üblicherweise Schellen - lösen und die entsprechenden Komponenten so am Lenker verdrehen, daß sie keinen Schaden nehmen können. Vergessen Sie nach der Reparatur nicht, solche etwaig gelösten Komponenten wieder in die Ursprungsstellung zu bringen und ordnungsgemäß zu befestigen.

Unten: Achsende mit Kugelkäfig und Kugeln. Beachten Sie die Lage des Käfigs: Der Innenring des Käfigs muß auf der dem Konus abgewandten Seite sitzen. Nur die Lagerkugeln dürfen den Konus berühren.

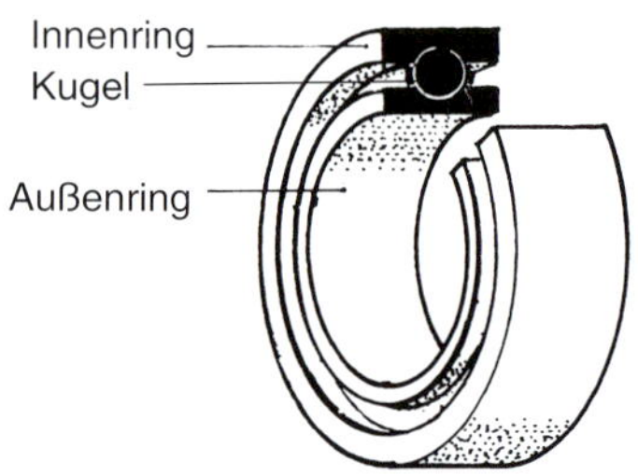

Abb. 3.5
Industrie- bzw. Rillenkugellager (‚gedichtetes' Lager)

Ersatzteil- und Werkzeugbeschaffung

Wenn Sie Ersatzteile kaufen, nehmen Sie am besten das komplette Rad zum Geschäft mit oder mindestens das zu ersetzende Teil und sein Gegenstück (d.h. Mutter UND Schraube, Lenker UND Vorbau, auch wenn nur ein Teil der jeweiligen Paarung ersetzt werden soll). Gleiches gilt für den Kauf spezieller Werkzeuge, da es etliche Teile in verschiedenen Ausführungen und Größen gibt, die jeweils spezifisches Werkzeug erfordern.

Planmäßige Wartung

Es mag sich banal anhören, aber auch bei der Fahrradpflege gilt das Prinzip, daß Vorbeugen besser als Heilen ist. Es ist ziemlich einfach, ein Fahrrad in gebrauchstüchtigem Zustand zu halten, so daß es Sie nie im Stich läßt. Eine Unzahl sonst überraschend erforderlich werdender Reparaturen läßt sich so vermeiden. Man muß lediglich wissen, worauf zu achten ist und welche Zustände rechtzeitig abgestellt werden müssen, bevor ein echtes Problem entsteht. Eine lockere Schraube oder ein verstelltes Lager sind leicht zu erkennen und schnell zu beheben, womit die Angelegenheit dann erledigt ist. Kümmert man sich aber nicht darum, kann der Fehler ausufern und schon nach kurzer Zeit eine aufwendige und komplizierte Reparatur erfordern.

Die meisten der eigentlichen Wartungstätigkeiten werden erst in späteren Kapiteln erörtert, aber wir wollen uns hier bereits mit dem systematischen Zeitplan befassen, in dem das Rad überprüft werden sollte. Dieser basiert auf (angenähert) täglichen, monatlichen und jährlichen Kontrollen, wie nachstehend ausgeführt. Hier liste ich die Tätigkeiten lediglich dem Namen nach auf; die eigentliche Durchführung der Prüfungen und die Beseitigung etwaig festgestellter Mißstände kommen später in den einzelnen Kapiteln an die Reihe, von denen sich jedes mit einer bestimmten Bauteilgruppe befaßt.

Unten: Testen Sie die Bremsen, indem Sie sie einzeln anziehen und das Fahrrad bei aufgestütztem Körpergewicht nach vorn zu schieben versuchen.

Tägliche Kontrolle

Dies mag Ihnen etwas übertrieben erscheinen, aber auf einige Dinge sollte man wirklich vor Antritt jeder Fahrt achten. Hierbei handelt es sich um:

- **Nabenschnellspanner**
  Prüfen Sie den Sitz der Schnellspanner Ihrer Räder.
- **Reifen**
  Kontrollieren Sie den Luftdruck unter Beachtung der vorgesehenen Geländebedingungen: Rennrad 6 - 8 bar; Tourenrad, Trekking-Rad und MTB auf festem, glatten Untergrund 4 - 5 bar; MTB auf hartem, unebenem Boden 3 bar; MTB auf lockerem, unebenem Boden 2 bar.
- **Lenker**
  Der Lenker muß gerade und auf richtiger Höhe stehen und darf sich gegenüber dem Vorderrad nicht leicht verdrehen lassen.
- **Sattel**
  Der Sattel muß gerade und eben auf richtiger Höhe stehen und fest auf der Sattelstütze verankert sein.

Oben: Überzeugen Sie sich davon, daß die Laufräder fest im Ausfallende sitzen. Besonders ein spontan sich lösendes Vorderrad kann schlimme Folgen nach sich ziehen.

Unten: Kontrollieren Sie, ob der Lenker fest angezogen ist. Nehmen Sie das Vorderrad zwischen die Beine und versuchen Sie, den Lenker zu drehen.

- **handbediente Bremsen**
  jede Bremse für sich muß ihr Laufrad blockieren können, während Sie sich auf das Rad lehnen und dieses vorwärts zu schieben versuchen. Der Hebel darf sich nicht bis zum Lenker durchziehen lassen. Es sollten 2 cm Luft verbleiben.

- **Schaltung**
  Heben Sie das Hinterrad an und drehen Sie die Pedale vorwärts, während Sie durchtesten, daß sich sämtliche Blatt-/Ritzelkombinationen schalten lassen. (Dennoch sollten Sie größtes bzw. kleinstes Blatt nicht mit größtem bzw. kleinstem Ritzel fahren.) Nabenschaltungen testen Sie während der Fahrt.

Monatliche Kontrolle

Einmal jeden Monat, in dem Sie Ihr Rad benutzt haben, sollten Sie es wie nachfolgend beschrieben säubern. Anschließend führen Sie die tägliche Inspektion und zusätzlich folgende Kontrollen durch:

- **Laufräder**
  Prüfen Sie die Räder auf Speichenbruch und Schlag. Heben Sie das Laufrad vom Boden ab und versetzen Sie es in langsame Rotation. Beobachten Sie den Lauf der Felge in Relation zu einem Fixpunkt wie z.B. einem Bremsschuh. Schwankt der Abstand, sollte das Rad zentriert werden.

- **handbediente Bremsen**
  Die Bremsen müssen gemäß Kapitel 5 eingestellt werden, sobald die Schuhe nicht mit ganzer Fläche auf der Felgenflanke aufliegen, wenn der Hebel fest gezogen wird.

- **Reifen**
  Überprüfen Sie die Reifen auf äußere Schäden und eingedrungene Fremdkörper. Letztere werden entfernt. Falls nötig, wird der Reifen ersetzt.

- **Kurbeln**
  Überprüfen Sie mittels eines passenden Schlüssels, ob die Kurbelschrauben oder -muttern bzw. die Sicherungsmuttern der Kurbelkeile fest angezogen sind.

- **Allgemeine Inspektion**
  Prüfen Sie alle übrigen Schraubverbindungen auf festen Sitz. Kontrollieren Sie, ob alle beweglichen Teile gängig sind und sämtliche Justierungen korrekt stehen. Ersetzen bzw. reparieren Sie fehlende oder beschädigte Teile.

Schmierdienst

Schmieren Sie alle beweglichen Kleinteile mit den nachfolgend genannten Schmierstoffen. Wischen Sie Überschuß mit einem Lappen ab.

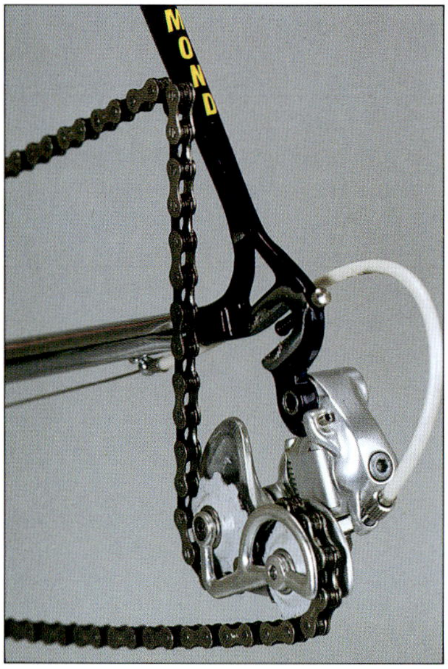

- **Kette:** Spezielles Kettenfett benutzen.
- **Ungeschützte, nicht beschichtete Metallteile:** Fahrradpolitur oder Autowachs.
- **Bremshebel, -gelenke, -züge:** Leichtes Sprühöl mit dem Sprayröhrchen präzise an den kritischen Stellen aufbringen.

Jahresinspektion

Das Jahresintervall gilt nur für den Normalfall. Es ist zu halbieren, wenn Sie viel bei schlechtem Wetter und auch im Winter unterwegs sind. Diese gründliche Überholung des Rades versetzt es annähernd wieder in seinen Neuzustand. Durch die regelmäßige Inspektion bleibt Ihnen Ihr Rad ein Leben lang erhalten.

Fahren Sie nur im Sommer, sollten Sie die Inspektion zu Saisonende durchführen. Zu Beginn der nächsten Saison unterziehen Sie Ihr Rad dann lediglich noch einer monatlichen Kontrolle. Die Jahresinspektion umfaßt folgendes:

Oben: Beim Ausbau des Hinterrades muß die Kette aus dem Weg geschafft werden. Idealerweise findet sich hierzu an der rechten Sattelstrebe ein Haken, wie hier gezeigt.

Unten: So werden die Ritzel und ihre Zwischenräume gesäubert.

- Zunächst wird die monatliche Kontrolle durchgeführt. Achten Sie hierbei auf alle Teile, die locker, verschlissen oder beschädigt zu sein scheinen (oder gar fehlen) und daher besonderer Aufmerksamkeit bedürfen. Arbeiten Sie dann die folgende Liste ab.
- **Laufräder**
  Überprüfen Sie die eingebauten Räder auf fehlende Speichen sowie Schäden an Reifen oder Felgen.
- **Naben**
  Bauen Sie die Räder aus und überprüfen Sie die Naben auf Spiel, Verschleiß oder Schwergängigkeit. Am besten überholen Sie die Naben, wie in Kapitel 7 beschrieben, wobei Sie die Lager zerlegen und deren Fettfüllung erneuern. Das Zerlegen und Schmieren entfällt bei Rillenkugellagern. Es schadet jedoch nicht, einen Tropfen dünnflüssigen Öles unter die Dichtung der Lagerkapsel zu spritzen. Läuft ein Industrielager nicht mehr einwandfrei, wird es ersetzt.
- **Kette**
  Nehmen Sie die Kette ab. Messen Sie die Länge von 100 Gliedern, d.h. vom ersten bis zum einhundertersten Niet. Liegt das Maß über 129,5 cm, wird die Kette ersetzt, da sie sich dann gelängt hat und verschlissen ist, worunter Schaltverhalten und Kraftübertragung leiden. Gedehnte Ketten ruinieren weiterhin Kettenblätter und Ritzel. Noch nicht verschlissene Ketten werden im Lösungsmittelbad gereinigt und anschließend gefettet und wieder aufgezogen, wie in Kapitel 6 erläutert.
- **Tretlager**
  Prüfen Sie es auf Spiel bzw. Schwergängigkeit. Falls einer dieser beiden Zustände vorliegt und es sich um ein nicht einstellbares Rillenkugellager handelt, tauschen Sie dieses aus bzw. lassen es austauschen. Dagegen kann ein konventionelles Lager nach dem Abnehmen der Kurbeln zerlegt und gewartet werden, wie in Kapitel 6 erklärt.

Oben: Halten Sie Ihre Reifen auf ordnungsgemäßem Druck. Der Pumpenkopf darf nicht verkantet am Ventil aufgesetzt werden.

- **Steuerlager**
  Prüfen Sie, ob sich der Lenker durchgehend leicht schwenken läßt. Am besten zerlegen und warten Sie die Lager gemäß Kapitel 8.
- **Schaltung**
  Nehmen Sie die Kette ab, und reinigen, kontrollieren und ölen Sie Schaltwerk und Umwerfer. Alle Gelenkstellen müssen frei beweglich sein, die Schalträdchen sich leicht drehen können. Beim MTB verschleißt das obere Schalträdchen durch Dreck und Schmutz ziemlich schnell. Warten bzw. ersetzen Sie betroffene Teile, wie im nächsten Kapitel ausgeführt.

Fahrradreinigung

Putzen Sie Ihr Rad, sobald es schmutzig wurde, mindestens jedoch einmal im Monat, auch wenn Sie ausschließlich bei gutem Wetter und auf trockenem Untergrund unterwegs waren.

Arbeitsschritte:

1. Beim trockenen Rad werden Staub und Schmutz mit Bürste oder Tuch entfernt. Ist das Rad selbst oder der anhaftende Schmutz feucht, waschen Sie das Fahrrad mit reichlich Wasser. Falls Sie hierzu einen Schlauch verwenden, darf der Wasserstrahl nicht direkt auf Naben, Tretlager oder Steuerkopf gerichtet werden. Ledersättel müssen ebenfalls trocken bleiben.

Unten: Schmieren Sie alle Gelenkstellen. Überschüssiges Öl wird mit einem Lappen abgewischt.

Abb. 3.6 Schmierstellen

Mit dem Zipfel eines Putzlappens, eventuell über die Spitze Ihres Schraubendrehers gezogen (unten), säubern Sie die schlecht zugänglichen Stellen Ihres Rades.

2. Mit einem feuchten Tuch oder einer alten Zahnbürste reinigen Sie sämtliche versteckten Winkel und Nischen. Hierzu zählen z.B. auch die Zwischenräume der Ritzel, die Innenseiten der Kettenblätter, die Unterseiten der Bremsarme und die Schalträdchen.

3. Trocknen Sie dieselben Stellen mit einem trockenen, sauberen Tuch.

4. Tragen Sie mit einem reinen Lappen, der mit Autowachs oder Fett getränkt ist, eine dünne Schutzschicht auf alle blanken Metallteile auf, um Rost vorzubeugen.

5. Zweimal jährlich tragen Sie Autowachs auf alle lackierten Flächen auf. Gleichzeitig können Sie Chromflächen und blanke Metallteile mit Chrompolitur bearbeiten und dann ebenfalls Wachs auf diese Teile auftragen.

Oben: Das Schaltwerk bewegt die Kette zwischen den verschiedenen Ritzeln hin und her.

Schaltungen

Der Trend bei Fahrrädern, speziell solchen für Erwachsene, geht mehr und mehr zur Kettenschaltung, obwohl die Nabenschaltung durchaus nicht ausgestorben ist. Eine Kettenschaltung besteht aus dem Schaltwerk und, sofern mehrere Kettenblätter vorhanden sind, dem Umwerfer. Bedient werden beide über Bowdenzüge durch Hebel, die an Lenker oder Unterrohr sitzen. Das Schaltwerk bewegt die Kette von einem Ritzel auf das nächste, während der Umwerfer die Kette von Kettenblatt zu Kettenblatt wandern läßt.

Bei der Nabenschaltung sitzt der Schalthebel am Lenker. Auch ein Doppelhebel am Vorbau ist möglich. Ein oder zwei Bowdenzüge führen zum Getriebe in der Hinterradnabe. Nabenschaltungen verfügen über minimal zwei und maximal vierzehn Gänge.

Kettenschaltung

Durch Kombination unterschiedlich großer Ritzel und Kettenblätter miteinander lassen sich verschiedene Übersetzungen oder Gänge erzielen. Ein kleiner Gang kommt zustande durch die Wahl eines kleinen Kettenblattes und eines großen Ritzels. Umgekehrt läßt sich ein schneller oder großer Gang durch ein großes Kettenblatt in Verbindung mit einem kleinen Ritzel schalten.

Heutzutage trifft man fast ausschließlich die Indexschaltung an, bei der mindestens der rechte Schalthebel in der jeweils richtigen Position für jeden Gang einrastet, so daß man nicht mehr nach Gefühl und Gehör schalten muß. Beim MTB sitzen die Schalthebel in der Regel entweder auf oder unter dem Lenkerrohr. Trekking- und Reiseräder mit Rennlenker sowie Triathlonräder verfügen häufig über Lenkerendschalter.

Unten: Beim höchsten Gang (links) liegt die Kette auf größtem Kettenblatt und kleinstem Ritzel auf, während beim niedrigsten Gang (rechts) das kleinste Blatt mit dem größten Ritzel kombiniert wird.

An Rennrädern finden sich oft Systeme, bei denen der Schaltmechanismus in die Bremshebel integriert wurde. Wird entweder der Schalt- oder der Bremshebelmechanismus irreparabel beschädigt, müssen beide gemeinsam ausgetauscht werden. Ansonsten werden alle Index-Systeme grundsätzlich in gleicher Weise gewartet und eingestellt.

Dieses Kapitel beschreibt die nötigen Wartungs- und Instandsetzungsarbeiten für Schaltungen und ihre einzelnen Komponenten. Jede Schaltung funktioniert am sichersten, wenn Schalter, Schaltwerk und Zahnkranz vom gleichen Hersteller stammen.

***Oben:** Der Bewegungsspielraum des Schaltwerkes wird durch die beiden kleinen, mit L und H bezeichneten Einstellschrauben begrenzt oder erweitert. Die L-Schraube regelt den linken Anschlag, während die H-Schraube für die hohen Gänge zuständig ist.*

***Unten:** In gleicher Weise wird der Umwerfer justiert.*

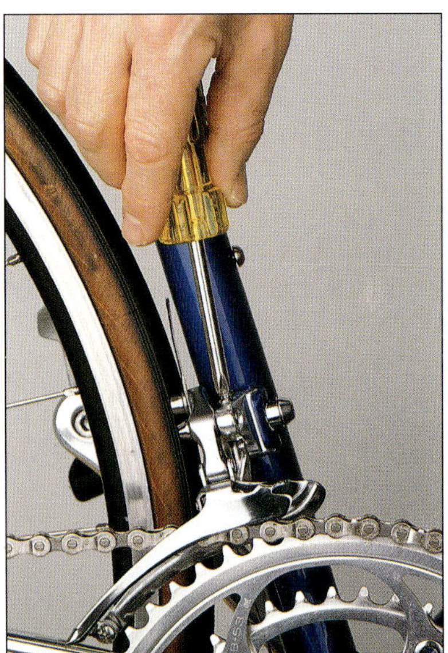

Schaltanschlag-Justierung

Die häufigste Fehlfunktion einer Kettenschaltung besteht darin, daß die Kette entweder zu weit nach links, d.h. hinten in die Speichen geworfen wird, bzw. nach rechts vom kleinsten Ritzel abläuft, oder aber kleinstes bzw. größtes Ritzel gar nicht erst erreicht. Ein weiterer Fehler kann darin bestehen, daß die Kette zwischen zwei Ritzeln (oder Kettenblättern) hin- und herspringt.

Werkzeug und Ausrüstung:
kleiner Schraubendreher
Putzlappen

Arbeitsschritte:

1. Ermitteln Sie das Problem: Schaltwerk oder Umwerfer?
   - Wird die Kette nicht weit genug oder zu weit geworfen?
   - Tritt das Problem links oder rechts auf?
2. Legen Sie eine etwaig abgesprungene Kette von Hand wieder auf Blatt oder Ritzel, wobei Sie den Schalthebel entsprechend zurückbewegen.

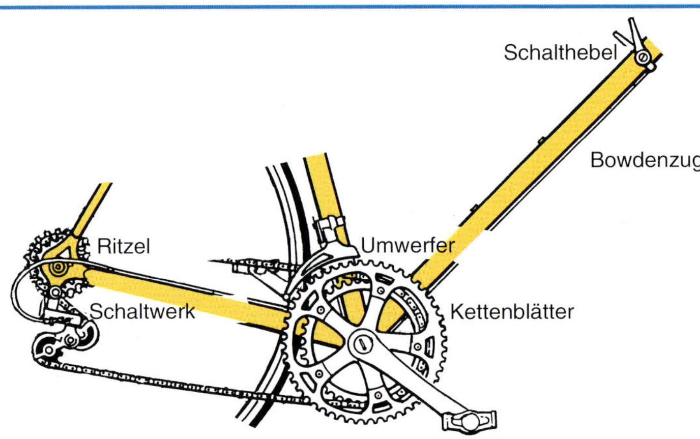

Abb. 4.1 - Komponenten der Kettenschaltung

Oben: Einstellung des Schaltwerkes mit der Zugstellschraube. Bei manchen Modellen findet sich am Schalthebel eine ähnliche Verstellmöglichkeit.

Unten: Typisches hochwertiges Index-Schaltwerk. Die Länge des Käfigs bestimmt, welchen Übersetzungsumfang das Schaltwerk abdecken kann.

3. An Schaltwerk oder Umwerfer gibt es je zwei Stellschrauben, L und H, oft mit Spiralfedern gegen spontanes Verdrehen gesichert. L dient dem Linksanschlag, H dem Rechtsanschlag. Durch Hineindrehen wird der Anschlag enger, durch Herausschrauben weiter gestellt.

4. Läuft die Kette über das große Kettenblatt hinaus, wird also die H-Schraube des Umwerfers um ca. eine Umdrehung angezogen. Weigerte sich dagegen die Kette, auf das große Blatt zu steigen, wird die Umwerfer-Schraube H etwas herausgedreht.

5. Prüfen Sie bei angehobenem Hinterrad alle Gänge, während Sie die Pedale vorwärts drehen. Korrigieren Sie erneut, falls das Problem noch nicht gelöst ist.

Anmerkung:
Bei hartnäckig anhaltender Fehlfunktion von Schaltwerk oder Umwerfer nehmen Sie eine Grundeinstellung vor, wie nachfolgend einzeln für Schaltwerk bzw. Umwerfer beschrieben.

Schaltwerk

Index-Schaltungen, wie man sie an modernen Rädern fast ausschließlich findet, gibt es mit fünf bis neun Ritzeln. Der rechte Schalthebel rastet in entsprechend vielen Positionen ein, um das Schaltwerk in Stellungen zu halten, die den einzelnen Ritzeln entsprechen.

Bei Unterrohr- bzw. stehend montierten Lenkerschaltern gibt es häufig einen kleinen Wahlhebel oder -knebel, der eine Umstellung von Index- auf Friktionsfunktion (oder Mikrorasterung) erlaubt, so daß man das Schaltwerk auf beliebige Zwischenpositionen fahren kann. Dies ermöglicht auch bei verstelltem Indexmechanismus sauberes Schalten der Gänge, falls Ihnen die Zeit oder die Kenntnisse fehlen, den Indexmechanismus sofort an Ort und Stelle wieder zu justieren. Am besten läßt sich ohnehin zu Hause arbeiten. Häufig werden die Stellungen des Wahlhebels mit I=Index bzw. F=Friktion bezeichnet.

Schaltwerk-Justierung

Die meisten Schaltungsprobleme lassen sich durch Justieren des Schaltwerkes beheben.

Werkzeug und Ausrüstung:
kleiner Schraubendreher
5-mm-Inbusschlüssel
8-mm-Schraubenschlüssel

Arbeitsschritte:

1. Wählen Sie ggf. zunächst den Friktions-Modus (Unterrohr- oder stehender Daumenschalter), bis Sie Zeit und Lust haben, sich des eigentlichen Problems anzunehmen.

Oben: Dura-Ace-Schaltwerk von Shimano, von hinten betrachtet.

Unten: Rennrad mit Super-Record-Schaltwerk von Campagnolo, mit Kette auf kleinstem Ritzel

2. Heben Sie das Hinterrad an und schalten Sie die Kette im Friktionsmodus auf das kleinste Ritzel - oder so weit Sie kommen -, während Sie die Pedale vorwärts drehen. Schalten Sie vorn entsprechend möglichst auf das größte Kettenblatt.

3. Hängt der Schaltzug jetzt durch, spannen Sie ihn durch Verdrehen der Zugeinstellschraube im Gegenuhrzeigersinn. Steht die Kette mit straffem Zug noch vor dem kleinsten Ritzel, lockern Sie den Zug entsprechend. Hängt der Zug durch, ohne daß die Kette das kleinste Ritzel erreicht, muß die H-Anschlagschraube herausgedreht werden.

4. Reicht der Verstellumfang der Zugeinstellschraube nicht aus, müssen Sie den Zug neu einspannen. Drehen Sie die Verstellschraube ganz hinein. Lösen Sie Mutter oder Inbusschraube, mit der das Zugende gehalten wird. Halten Sie den Zug moderat straff. Ziehen Sie Mutter oder Inbus an.

5. Versuchen Sie, durch alle Gänge zu schalten. Wiederholen Sie ggf. ab Schritt 2. Wird das größte Ritzel nicht erreicht, muß die L-Anschlagschraube herausgedreht werden und/oder der Zug straffer gespannt werden.

6. Stellen Sie spätestens jetzt wieder von Friktions- auf Indexmodus um, wenn bei Ihrer Schaltung diese Wahlmöglichkeit besteht. Schalten Sie hierzu zunächst noch im Friktionsmodus auf das kleinste Blatt und das größte Ritzel, also in den langsamsten Gang.

7. Gehen Sie wieder in den höchsten Gang (großes Blatt, kleinstes Ritzel) und schalten Sie auf I=Index um.

8. Justieren Sie die Zugspannung, bis die Kette sauber auf dem kleinsten Ritzel läuft, ohne an Schaltwerk oder zweitkleinstem Ritzel zu schleifen.

9. Bewegen Sie bei drehenden Pedalen den Schalthebel um eine Raste, um auf das zweitkleinste Ritzel zu schalten.

10. Erreicht die Kette dieses Ritzel nicht, spannen Sie den Zug um eine halbe Umdrehung der Einstellschraube im Gegenuhrzeigersinn.

11. Umgekehrt wird die Spannung herabgesetzt, falls die Kette über das zweitkleinste Ritzel hinaus geführt wird.

12. Wiederholen Sie die Schritte 9 - 11, bis die Kette sauber zwischen den beiden kleinsten Ritzeln hin und her geschaltet werden kann.

13. Während sich die Kette auf dem zweitkleinsten Ritzel befindet und Sie die Pedale vorwärts bewegen, spannen Sie den Schaltzug gerade soweit, daß die Kette leicht am drittkleinsten Ritzel schleift.

14. Entspannen Sie den Zug gerade so weit, daß das Geräusch eben verschwindet.

15. Unternehmen Sie eine Probefahrt, bei der Sie durch alle Gänge schalten und die korrekte Einstellung überprüfen.

Anmerkungen:

- Haben Ihre Justierungsbemühungen keinen Erfolg, nehmen Sie den Innenzug heraus. Säubern und fetten Sie ihn ggf., oder ersetzen

***Oben:** Das Schaltwerk ist am Ausfallende mit einer 6-mm-Inbusschraube angeschlagen.*

***Unten:** Zum Ausbau eines Schalträdchens oder zum Öffnen des Schaltwerkarmes, um die Kette zu entnehmen, wird die Schraubachse des Schalträdchens herausgedreht.*

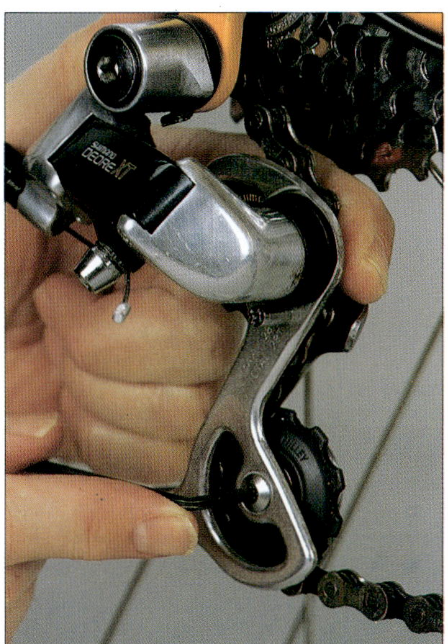

Sie ihn. Ziehen Sie die Endhülsen vom Außenzug. Die Schnittkanten der Zughüllenenden müssen glatt sein, ohne daß ein scharfer Grat nach innen ragt. Versäubern Sie die Enden ggf. mit der Feile oder ersetzen Sie den Außenzug.

- Die meisten Schaltwerke verfügen über eine vierte Einstellschraube, die für den Umschlingungswinkel zuständig ist. Schalten Sie auf das größte Ritzel und justieren Sie das Schaltwerk so, daß der Schaltwerkarm dem Ritzel am nächsten kommt, ohne daß jedoch Schalträdchen und Ritzel sich berühren.
- Ist am Schalthebel ebenfalls eine Zuglängenverstellung vorhanden, wird diese vor dem Einstellen des Schaltwerkes ganz hineingedreht.

Schaltwerk-Instandsetzung

Diese Tätigkeit fällt an, sobald das Schaltwerk derart verschmutzt ist, daß eine einwandfreie Schaltfunktion trotz Justierens nicht mehr zu erreichen ist.

Werkzeug und Ausrüstung

3-mm-Inbusschlüssel
7-mm-Gabelschlüssel
2 kleine einstellbare Schraubenschlüssel
Putzlappen
Fett
Sprühöl
Lösungsmittel

Arbeitsschritte:

1. Bauen Sie die Schalträdchen aus, über die die Kette läuft. Achten Sie darauf, daß kein Kleinteil verlorengeht (Achse, Rädchen, Scheiben).
2. Reinigen Sie Rädchen und Scheiben sowie alle Stellen des Schaltwerkes, die jetzt zugänglich sind.
3. Offensichtlich verschlissene Schalträdchen werden ersetzt. Nehmen Sie sie als Muster ins Geschäft mit. Schalträdchen verschiedener Hersteller können Unterschiede aufweisen. Manchmal sind noch nicht einmal oberes und unteres Schalträdchen untereinander kompatibel.
4. Ein verbogener Schaltwerkarm wird vorsichtig mit zwei einstellbaren Schraubenschlüsseln gerichtet (je einer pro Ende).
5. Zerlegen Sie das Schaltwerk nur dann weiter, wenn es sich immer noch nicht angemessen reinigen läßt. Bevor Sie den Schaltwerkarm abnehmen, prägen Sie sich den Sitz der Rückstellfeder genau ein, damit Sie sie hinterher wieder richtig einbauen können. Die Federkraft läßt sich häufig dadurch justieren, daß einer der Schenkel wahlweise in verschiedenen Positionen eingehängt werden kann.
6. Fetten Sie die Scheiben der Schalträdchen. Ölen Sie alle Gelenkstellen des Schaltwerkes mit Sprühöl.
7. Bauen Sie den Schaltwerkarm wieder zusammen. Legen Sie hierbei die Kette wieder in den Arm und auf die Rädchen.
8. Testen bzw. justieren Sie die Schaltfunktion.

Schaltwerk-Montage

Das Schaltwerk muß abgebaut werden, wenn Sie das Fahrrad generalüberholen wollen oder das Schaltwerk ersetzt werden muß, weil es trotz Zerlegens und Reinigens nicht mehr korrekt arbeitet. Hat Ihr größtes Ritzel nicht mehr als 28 Zähne, kommt man im allgemeinen mit einem Kurzarmschaltwerk aus, auch wenn ursprünglich ein längeres montiert war. Kurzarmschaltwerke schalten präziser, und die Wahrscheinlichkeit, daß sie beschädigt werden, ist geringer.

Werkzeug und Ausrüstung:
Kettennietwerkzeug
5-mm-Inbusschlüssel
kleiner Schraubendreher
Putzlappen
Fett

Oben: Aus- bzw. Einbau eines Schalträdchens.

Mitte und unten: Einbau des Schaltzuges. Ziehen Sie den Zug mit der Zange straff, bevor Sie die Zugklemmschraube fest andrehen.

Ausbau:

1. Ziehen Sie die Endkappe vom Innenzug oder schneiden Sie das Zugende ab.
2. Lösen Sie die Zugklemmung. Achten Sie darauf, daß die ggf. vorhandene Endhülse des Außenzuges nicht verlorengeht.
3. Bauen Sie die Schalträdchen aus, oder öffnen Sie die Kette mit dem Nietendrücker.
4. Lösen Sie den Gewindebolzen, mit dem das Schaltwerk am Ausfallende gehalten wird, und nehmen Sie das Schaltwerk ab.

Einbau:

1. Achten Sie bei der Beschaffung eines neuen Schaltwerkes auf Kompatibilität mit Ihrem Schalthebel bzw. Zahnkranz. Für Acht- bzw. Neunfachkränze muß z.B. das Schaltwerk ausreichend große Winkel abdecken können.
2. Säubern und fetten Sie das Gewindeauge des Ausfallendes. Schrauben Sie das Schaltwerk vorsichtig fest. Das Schaltwerk muß sich auf dem Befestigungsbolzen drehen können.
3. Montieren Sie den Schaltzug.
4. Fädeln Sie die Kette durch das Schaltwerk und schließen Sie sie, bzw. nehmen Sie die Schalträdchen heraus und legen Sie die Kette in den Schaltwerkarm, bevor Sie diesen wieder komplettieren.
5. Stellen Sie Endanschläge, Umschlingungswinkel und Zuglänge ein. Beim Wechsel auf ein Schaltwerk mit anderer Länge müssen Sie ggf. die Kettenlänge anpassen.

Umwerfer

MTB-Umwerfer arbeiten zumeist ebenfalls nach dem Index-System und erfordern einen entsprechenden Schalter. Rennräder haben gemeinhin nur zwei Kettenblätter; eine Indexfunktion des Umwerfers ist dann unnötig.

Tätigkeiten am Umwerfer erstrecken sich in erster Linie auf das Justieren der Endanschläge, das wie beim Schaltwerk erfolgt. Für die Umwerfer-Zuglänge gibt es bei Rennrädern häufig keine Einstellschraube wie am

Schaltwerk. Die Zugspannung kann dann ausschließlich durch den Klemmpunkt des Zuges beeinflußt werden.

Umwerfer-Justierung

Ein Einstellen des Umwerfers ist erforderlich, sobald die Kette vorne abgeworfen wird, sich nicht auf ein bestimmtes Kettenblatt schalten läßt oder am Umwerferkäfig schleift.

Werkzeug und Ausrüstung:
kleiner Schraubendreher
5- und 6-mm-Inbusschlüssel
8- bis 9-mm-Schraubenschlüssel

Arbeitsschritte:

1. Stellen Sie sicher, daß der Umwerferkäfig absolut parallel zum Kettenblatt steht. Sonst lösen Sie die Befestigung des Umwerfers, verdrehen diesen entsprechend und ziehen ihn wieder fest.
2. Stellen Sie, falls nötig, die Endanschläge des Umwerfers ein.
3. Schalten Sie auf das kleinste Blatt. Der Schaltzug darf jetzt weder unter Spannung stehen noch durchhängen.
4. Ansonsten straffen oder lösen Sie den Zug, indem Sie mit Inbus- bzw. Schraubenschlüssel die Zugklemme leicht öffnen. Halten Sie den Zug straff und klemmen ihn dann wieder gut fest.
5. Überprüfen Sie die Schaltfunktion und wiederholen Sie nötigenfalls die Schritte 3 - 5.

***Oben:** So steht der Umwerfer richtig. Zu sehen ist auch, wie die Endanschläge mit den Stellschrauben justiert werden.*

***Unten:** Halten Sie den Schaltzug straff, während Sie die Zugklemme anziehen.*

Umwerfer-Montage

Insbesondere wenn nach einem Sturz der Umwerfer verbogen oder sonstwie beschädigt ist, kann es nötig werden, ihn abzunehmen.

Werkzeug und Ausrüstung:
5- oder 6-mm-Inbusschlüssel
kleiner Schraubendreher
Kettennieter

Ausbau:

1. Lösen Sie die Zugklemmvorrichtung und ziehen Sie das Zugende heraus.
2. Öffnen Sie den Umwerferkäfig durch Herausdrehen der kleinen Schraube, die die hinteren Enden der Umwerferflanken verbindet. Falls eine solche Schraube fehlt, öffnen Sie die Kette.
3. Lösen Sie die Befestigungsschraube des Umwerfers.

Oben: Befestigung des Umwerfers mittels Schelle. An manchen Rädern findet sich statt der Schelle ein Anlötsockel, oder der Umwerfer sitzt an einem Adapter, der am Tretlager angeschlagen ist.

Unten: Nachdem der Umwerfer nach Höhe und Seite ausgerichtet wurde, ziehen Sie die Befestigungsschraube an.

Einbau:

1. Bringen Sie den Umwerfer am Sitzrohr an, ohne ihn jedoch schon festzuziehen.
2. Positionieren Sie ihn so, daß er parallel zum größten Kettenblatt und 2 - 4 mm über dessen Zahnspitzen steht. Ziehen Sie die Befestigungsschraube jetzt voll an.
3. Stellen Sie die Endanschläge ein, wobei Sie den Umwerfer von Hand bewegen.
4. Fädeln Sie die Kette auf dem kleinsten Blatt durch den Umwerferkäfig und schließen Sie sie bzw. öffnen Sie den Käfig und legen Sie die Kette ein. Schließen Sie dann den Käfig.
5. Fädeln Sie das Zugende in die Klemmvorrichtung ein.
6. Stellen Sie den Schalthebel auf das kleinste Blatt. Halten Sie den Zug straff, aber nicht unter Spannung, und ziehen Sie die Klemme an.
7. Prüfen Sie die Einstellung und nehmen Sie ggf. Korrekturen vor.

Schalthebel

Bevor Sie einen Defekt im Schalter vermuten, überprüfen Sie immer zuerst die Züge auf Freigängigkeit.

Bei ungenügender Schaltfunktion, aber intaktem Zug und Schaltwerk bzw. Umwerfer, kann der Fehler an Verschmutzung oder mangelnder Klemmspannung des Schalters oder Verschleiß des Rastmechanismus liegen. Nur in letzterem Fall muß der Schalter ersetzt werden.

Zunächst aber reinigen Sie versuchsweise den Schalter und ziehen ihn ggf. fest. Zerlegen Sie den Schalter nur, wenn es sich um einen Friktionsschalter handelt. Prägen Sie sich die Lage der einzelnen Teile genau ein. Säubern Sie sämtliche Komponenten, und fetten Sie sie leicht. Bauen Sie alles wieder zusammen, und ziehen Sie die Schraube, die den Schalthebel zusammenhält, gut fest.

Schalthebel-Montage

Läßt die Funktion des Schalters trotz Reinigung, Justierung und einwandfreier Züge zu wünschen übrig, läßt er sich leicht austauschen.

Werkzeug und Ausrüstung:
5-mm-Inbusschlüssel
kleiner Schraubendreher
8-mm-Schraubenschlüssel

Ausbau:

1. Lösen Sie die Zugklemme an Schaltwerk bzw. Umwerfer.
2. Lösen Sie die Befestigungsschraube des Schalters.
3. Ziehen Sie den Innenzug aus dem Schalter. Achten Sie darauf, daß keine Kleinteile verlorengehen (Außenzug-Endhülsen etc.).

***Oben:** Moderne Unterrohrschalter an Rennrädern weisen normalerweise einen Index-Mechanismus auf.*

***Mitte:** Schalt-/Bremshebelkombination (STI) an einem Rennrad.*

***Unten:** Viele MTBs verfügen über Doppelschalthebel, die unter dem Lenker sitzen. Auch sie arbeiten nach dem Index-Verfahren.*

Einbau:

1. Bringen Sie den Schalter an der vorgesehenen Stelle an.
2. Fädeln Sie den Innenzug durch Schalter, Führungen und Außenzug. Bringen Sie den Schalter in die Stellung für kleinstes Ritzel bzw. Blatt.
3. Klemmen Sie den Innenzug an Schaltwerk bzw. Umwerfer fest.
4. Stellen Sie die Schaltung ein.

Anmerkung:
Shimano-STI- und Campagnolo-Ergopower-Schalter sind mit den Bremshebeln kombiniert und werden zusammen mit diesen ein- bzw. ausgebaut (siehe Kapitel 5).

Schaltzüge

Für Index-Schaltungen wurden relativ steife Niro-Innenzüge und Nylon-Zwischenhüllen eingeführt. Solche Züge eignen sich auch für Friktionsschaltungen. Der Innenzug wird ab und zu gereinigt und auf Schäden hin untersucht. Züge ohne Nylonführung müssen zusätzlich geschmiert werden. Hierzu werden sie am besten ausgebaut und mit Fett bestrichen. Man kann aber auch nur Öl auf die Stelle geben, an der der Innenzug in die Hülle eintritt.

Schaltzug-Montage

Züge müssen ersetzt werden, sobald sie auffasern, korrodiert sind oder geknickt wurden. Unterlenkerschalter erfordern Züge, die auf das jeweilige Fabrikat abgestimmt sind, da Shimano und SunTour unterschiedliche Nippel verwenden.

Werkzeug und Ausrüstung:
5-mm-Inbusschlüssel
8-mm-Schraubenschlüssel
Seitenschneider
Schraubendreher
Feile

Ausbau:

1. Schalten Sie auf jeweils kleinstes Ritzel und Blatt.
2. Lösen Sie die Zugklemme an Umwerfer bzw. Schaltwerk.
3. Zerlegen Sie Unterlenkerschalter nur so weit, daß Zug und Nippel sichtbar werden.
4. Schieben Sie den Nippel aus dem Schalter und ziehen Sie den Innenzug heraus.
5. Achten Sie auf freiwerdende Kleinteile, wie z.B. Endhülsen von Außenzügen.

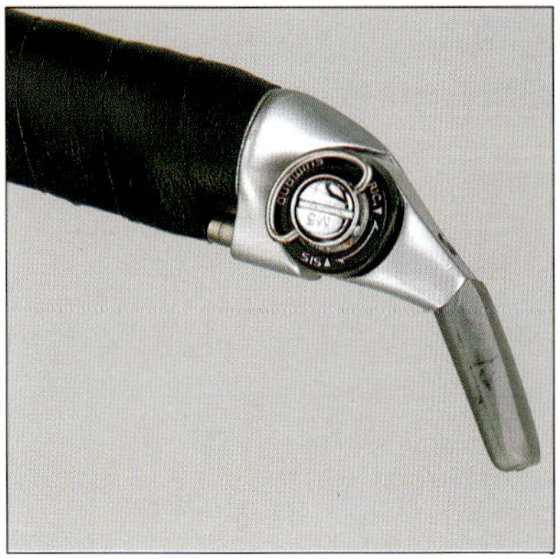

Oben: Bei Lenkerendschaltern verlaufen die Schaltzüge unter dem Lenkerband.

Mitte: Inzwischen haben viele Schalthebel eine Ganganzeige.

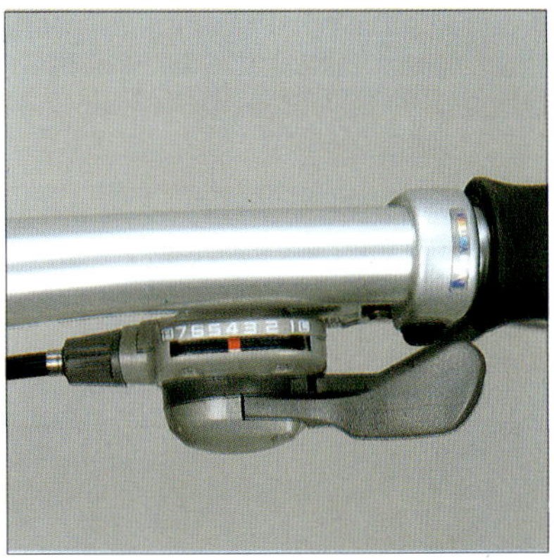

Unten: Bei einigen Schaltsystemen findet sich beim Zuganschlag am Unterrohr ein Exzenterhebel zum Schnellentspannen des Zuges.

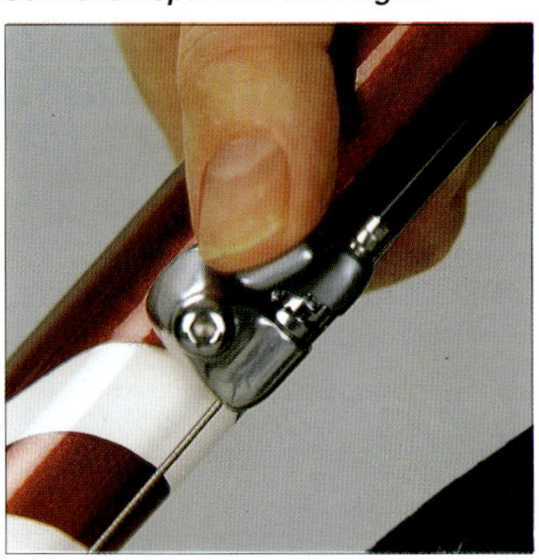

Einbau:

1. Fetten Sie den Innenzug. Feilen Sie ggf. die Enden eines neuen Außenzuges glatt.
2. Fädeln Sie den Innenzug durch den Schalter, so daß der Nippel in der Aufnahme zu sitzen kommt. Bei Schaltinnenzügen, die an jedem Ende einen Nippel aufweisen, wird das nicht benötigte Ende abgeschnitten.
3. Ziehen Sie den Innenzug durch die diversen Führungen und den Außenzug bis in die Klemmvorrichtung von Schaltwerk oder Umwerfer, und drehen Sie die Klemmschraube mit Gefühl an.
4. Nachdem die Schaltung justiert ist, längen Sie den Zug ab und verlöten sein Ende bzw. quetschen eine Kappe auf, damit er nicht auffasert.

Drehschalter

Drehschalter finden sich häufig an MTBs bzw. Trekking-Rädern. Sie eignen sich auch als Ersatz für andere Schalter. Campagnolo-Drehschalter sind speziell auf Schaltwerke und Zahnkränze dieses Herstellers abgestimmt. Der GripShift arbeitet am besten mit Shimano-Komponenten zusammen, während SRAM-Drehschalter (früher: Sachs) mit SRAM- und Shimano-Komponenten kompatibel sind.

Arbeitsschritte:

1. Schalten Sie auf kleinstes Ritzel bzw. Blatt.
2. Bauen Sie den Zug aus wie oben erläutert. Nehmen Sie den bisherigen Schalthebel bzw. Lenkergriff ab.
3. Bauen Sie den Drehschalter wie einen Lenkergriff so an, daß die Ganganzeige während der Fahrt sichtbar ist. Ziehen Sie die Verriegelungsschraube an.
4. Haken Sie den Nippel des Innenzuges in die Aufnahme ein und führen Sie den Zug nach außen und in die Außenhülle, die bereits am Schalter steckt.
5. Bringen Sie den Schalter in die Stellung für kleinstes Ritzel oder Blatt.
6. Führen Sie den Innenzug zum Schaltwerk, ohne daß die Außenhülle aus dem Schalter rutscht, und klemmen Sie den Zug straffgezogen fest.
7. Justieren Sie die Schaltung.

Nabenschaltung

Schaltungsnaben weisen zwischen 2 und 14 Gängen auf. Am verbreitetsten sind Dreigangschaltungen. Sie werden vom Lenker aus über einen Schalthebel und einen - meist rollengeführten - Zug geschaltet, der ein kleines Kettchen oder einen Hebel steuert, die mit dem Schaltmechanismus in der Nabe verbunden sind. Fünfgangschaltungen können zwei Schaltzüge und einen oder zwei Schalthebel aufweisen.

In der hohlen Laufradachse läuft das Schaltstängchen, an dem der Kupplungsmechanismus sitzt. Bei den meisten Modellen hängt das Stängchen

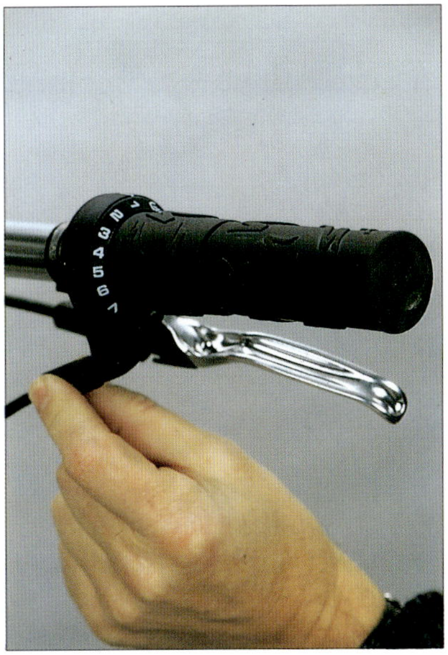

***Oben:** Drehschalter erfreuen sich zunehmender Beliebtheit. Während sie zunächst bei MTBs bzw. Trekking-Rädern unterer Preisklassen anzutreffen waren, wurden sie mittlerweile so verbessert, daß man Drehschalter jetzt auch am Profi-Rad finden kann.*

***Unten:** Die Position des Drehschalters am Lenker wird mit einem 2-mm-Inbus fixiert.*

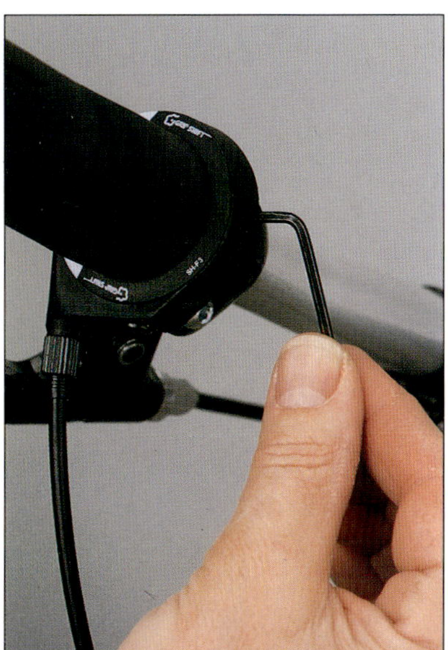

an einem Kettchen, während es bei anderen Fabrikaten über einen Hebelmechanismus bedient wird, der an bzw. auf der Achsmutter sitzt. Der Zug wird mittels einer Schraub- oder Schiebehülse an Kettchen oder Hebel befestigt. Mit der Hülse wird die Zuglänge eingestellt und somit die Schaltung justiert. Beim Herunterschalten werden Kette oder Hebel weiter herausgezogen und nehmen das Schaltstängchen mit in die Stellung für den entsprechenden niedrigeren Gang.

Die Zweigangnabenschaltung - meist an Klapprädern zu finden - wird per Rücktritt gesteuert oder schaltet automatisch, abhängig von der Trittfrequenz. Sie kommt ohne externe Schaltelemente aus.

Schaltnaben-Wartung

Bei der Nabenschaltung liegen Schaltschwierigkeiten selten am internen Mechanismus und fast immer an den Bedienungselementen. Häufigste Ursache sind beschädigte Züge oder gelöste Gegenhalter. Diese Punkte werden daher immer als erste überprüft.

Sachs-Schaltnaben sind dauergeschmiert und bedürfen des Schmierdienstes nur, wenn die Nabe durch Dauerbetätigung der Rücktrittbremse heiß gelaufen ist. In diesem Fall wird die Nabe geöffnet und mit dem vom Hersteller vorgeschriebenen Spezialfett geschmiert. Andere Modelle verfügen über einen Ölnippel, in den man alle drei Monate, oder wenn die Nabe nicht ordentlich zu laufen oder zu schalten scheint, 10 Tropfen Öl gibt. Bei Dreigangnaben läßt sich der Rücktritt stillegen, indem die Nabe geöffnet und der geteilte, zylindrische Bremsmantel und der Bremskonus entfernt werden.

Bei Sturmey-Archer-Schaltnaben mit eingebauter Trommelbremse ist keine interne Dichtung vorhanden, die Schalt- und Bremsmechanismus trennt. Liegt die Nabe auf ihrer linken Seite, läuft Öl aus der Schaltung in die Bremse und ruiniert diese. Daher werden diese Naben trocken ausgeliefert. Vergessen Sie nicht, die Nabe vor der Inbetriebnahme zu schmieren, und legen Sie Ihr Rad niemals auf die linke Seite!

Sturmey-Archer-Dreigangnabe

Bei dieser Nabe hängt der Zug an einer kleinen Kette, die aus der rechten Achsmutter austritt. Die korrekte Einstellung wird durch eine Fensterbohrung in der Achsmutter kontrolliert. Außer einer Zange, falls die Schraubhülse festsitzt, wird kein Werkzeug benötigt.

Justage:

1. Überprüfen Sie, ob sich der Schaltzug und seine Umlenkrollen, Zugführungen und Anschläge in ordnungsgemäßem Zustand befinden bzw. ausreichend fest sitzen.
2. Ölen Sie die Nabe, falls Sie dies nicht kürzlich ohnehin getan haben. Schalten Sie bei angehobenem Hinterrad durch alle Gänge, während Sie die Pedale vorwärts drehen.
3. Legen Sie den Schalthebel in die Position N oder 2, während Sie wiederum die Pedale drehen.

Dreigang-Schaltnabe mit Schaltkettchen und Schraubhülse zum Einstellen der Zuglänge und damit der Schaltung.

4. Peilen Sie durch das Achsmutterfenster. Die Schultern des Stängchens müssen mit der Achsstirnfläche bündig stehen. Bewegen Sie ggf. den Schalthebel etwas hin und her, um zu sehen, wie die Kanten zueinander stehen.
5. Lösen Sie erforderlichenfalls den Konterring und verdrehen Sie die Schraubhülse, bis die Optimalstellung erreicht ist. Ziehen Sie anschließend die Kontermutter wieder an, wobei Sie die Schraubhülse festhalten.
6. Überprüfen Sie die Schaltung. Korrigieren Sie, so nötig, nochmals.

Sachs-Dreigangnabe

Bei Sachs gibt es seit etwa 1975 keinen Leerlauf mehr. Eine Fehleinstellung macht sich daher nicht als Kraftschlußunterbrechung, sondern nur dadurch bemerkbar, daß der am Schalter gewählte Gang nicht mit dem tatsächlich anliegenden übereinstimmt. Die Justierung erfolgt im höchsten Gang. Werkzeug wird nicht benötigt.

Justierung:

1. Überprüfen Sie, ob Schaltzug, Schalthebel, Umlenkrollen, Zuganschläge und -führungen sich in ordnungsgemäßem Zustand befinden bzw. richtig angebracht sind. Schaffen Sie ggf. Abhilfe.
2. Schalten Sie am Schalthebel in den dritten Gang (H bzw. 3), während Sie die Pedale um mindestens eine halbe Umdrehung bewegen.
3. Drücken Sie die Feder der Schiebehülse ein und verschieben Sie die Hülse so, daß der Zug gestrafft wird, aber nicht unter Spannung steht. Lassen Sie die Feder los.
4. Prüfen Sie die Schaltung; wiederholen Sie erforderlichenfalls die Justierung.

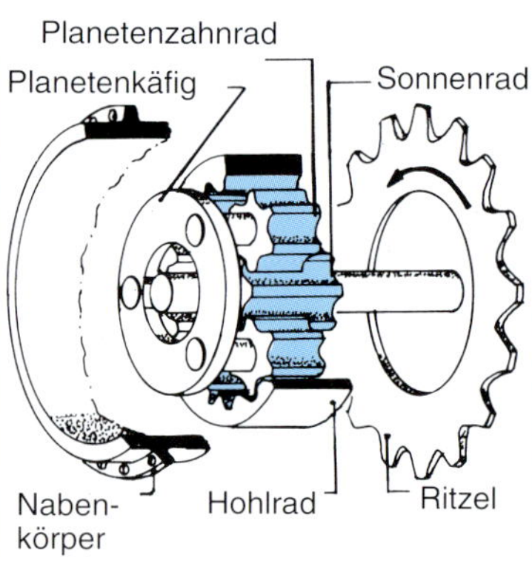

Abb. 4.2
Prinzip der Dreigangschaltung

Shimano-Dreigangnabe

Die Schaltfunktion erfolgt hier über einen Umlenkhebel an der linken Achsmutter. Der Hebelmechanismus weist eine Kontermutter auf und muß so stehen, daß er genau mit der Zugrichtung fluchtet. Lösen Sie ggf. die Kontermutter und richten Sie den Hebel korrekt aus. Fixieren Sie den Hebel, während Sie die Kontermutter wieder anziehen. Werkzeuge werden für die eigentliche Einstellarbeit in der Regel nicht benötigt.

Justierung:

1. Überprüfen Sie, ob Schalthebel, Schaltzug, dessen Führungen und Anschläge sowie der Hebelmechanismus sich in ordnungsgemäßem Zustand befinden bzw. richtig befestigt und ausgerichtet sind.

Oben: Ersetzen des Schaltzuges einer Dreigangschaltung.

Unten: Das Ritzel läßt sich durch ein größeres oder kleineres ersetzen, um die Übersetzung bergtauglicher bzw. schneller auszulegen. Hierzu wird der Federring mit einem kleinen Schraubendreher abgehebelt und das Ritzel abgehoben. Mit einer Spitzzange läßt sich der Ring wieder aufsetzen.

2. Schalten Sie am Schalthebel auf N oder 2, während Sie die Pedale um mindestens eine halbe Umdrehung bewegen.
3. Wenn die Schaltung richtig justiert ist, ist der Buchstabe N oder die Zahl 2 vollständig im Fenster des Hebelmechanismus zu erkennen.
4. Ist dies nicht der Fall, verstellen Sie die am Hebel sitzende Zuglängeneinstellung, bis Zahl bzw. Buchstabe im Fenster sichtbar sind.
5. Überprüfen Sie alle Gänge, während Sie bei angehobenem Hinterrad die Pedale vorwärts drehen. Korrigieren Sie erforderlichenfalls die Einstellung erneut.

Fünfgangnaben

Diese enthalten ein zweifaches Planetengetriebe. Sie werden von Sachs und Sturmey Archer angeboten. Sachs baut Naben ohne Bremse oder mit Rücktritt- oder Trommelbremse. Alle haben zwei Schaltzüge, für jedes Planetengetriebe einen. Sturmey-Archer-Naben haben einen oder zwei Schaltzüge; es gibt sie ohne Bremse oder mit Trommelbremse.

Bei Sachs-Naben werden beide Züge durch nur einen Schalthebel bedient. Einhebelschalter gibt es auch für Sturmey-Archer-Naben (in zwei Versionen: konventionell und rückspringend); daneben bietet Sturmey Archer auch einen Doppelhebelschalter an. Letzterer erscheint auf den ersten Blick umständlicher, ist aber zuverlässiger. Einhebelschalter bestehen aus relativ weichem Plastik und verformen sich gern, besonders am Nippelsitz der Züge. Es ist ratsam, Einhebelschalter rechtzeitig zu zerlegen und alle beweglichen Teile mit reichlich von dem Fett zu versehen, das der Hersteller hierfür empfiehlt.

Sturmey-Archer-Fünfgangnabe

Bei den meisten Modellen findet sich auf beiden Nabenseiten eine Achsmutter mit Sichtfenster, wie bei der Dreigangnabe dieses Herstellers. Es gibt sie aber auch mit linksseitigem Hebelmechanismus, und nur die rechte Seite weist dann ein Achsmuttersichtfenster auf. Überprüfen Sie, ob die Züge frei beweglich sind, die Anschläge fest sitzen und Umlenkhebel bzw. Zugkettchen mit den Zügen fluchten. Falls die Nabe vor mehr als drei Monaten das letzte Mal geschmiert wurde, wird sie zunächst geölt und dann neu getestet. Nach Erledigung dieser Punkte wird für die weitere Tätigkeit in der Regel kein Werkzeug benötigt.

Justierung Doppelhebelschalter:

1. Schalten Sie den linken Schalter nach unten und den rechten in mittlere Position. Bewegen Sie die Pedale um mindestens eine halbe Umdrehung.
2. Beobachten Sie durch die Achsfenster, ob die Schultern der Zugstängchen mit den Stirnflächen der Nabenachsen fluchten. Verstellen Sie ggf. wie bei der Dreigangnabe die Schraubhülsen entsprechend.
3. Überprüfen Sie die Schaltung. Wiederholen Sie ggf. die Korrektur.

Fünfgangschaltnabe mit linkem Zugkettchen und Schraubhülse zum Einstellen der Schaltzuglänge.

Justierung Einhebelschalter:

1. Schalten Sie in den dritten Gang. Bewegen Sie die Pedale um eine halbe Umdrehung.
2. Beobachten Sie durch die Achsfenster, ob die Schultern der Zugstängchen mit den Stirnflächen der Nabenachsenfluchten. Sonst verstellen Sie wie bei der Dreigangnabe die Schraubhülsen entsprechend.
3. Überprüfen Sie die Schaltung. Wiederholen Sie, falls nötig, die Korrektur.

Sachs-Pentasport

Es gibt grundsätzlich nur einen Schalthebel. Nehmen Sie die übliche Überprüfung von Schalter, Zügen, Anschlägen und Führungen vor. Werkzeug ist für die Einstellung nicht erforderlich. Bei einem älteren Modell mit hartnäckigen Schaltproblemen tauschen Sie den Schalthebel aus.

Justierung

1. Schalten Sie in den vierten Gang, während Sie bei angehobenem Hinterrad die Pedale vorwärts drehen.
2. Lösen Sie beide Schiebehülsen, bis die Züge Durchhang haben. Drehen Sie die Pedale mindestens eine halbe Umdrehung vorwärts.
3. Justieren Sie beide Schiebehülsen analog zur Einstellung einer Dreigangnabe so, daß die Züge straff, aber nicht unter Spannung sind.
4. Schalten Sie bei angehobenem Rad in den 1. Gang, während Sie die Pedale drehen.
5. Läßt sich der erste Gang nicht einlegen, kehren Sie in den vierten Gang zurück und lösen den strafferen Zug um eine Kerbe, bis die Schaltung einwandfrei funktioniert.
6. Umgekehrt dürfen die Zugkettchen sich im 1. Gang nicht von Hand noch weiter aus der Nabe ziehen lassen. Sonst spannen Sie die Züge stärker.

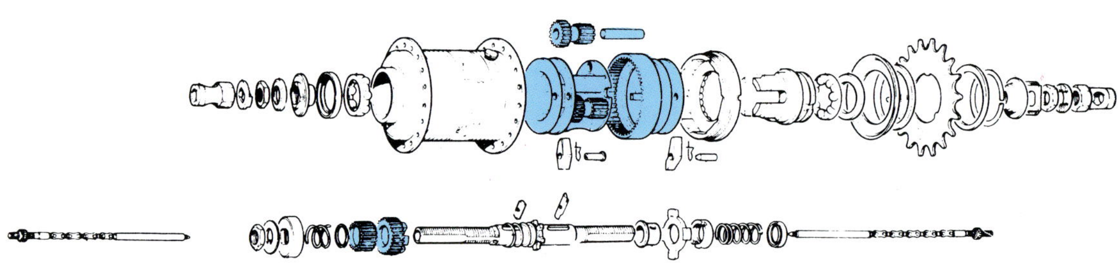

Komponenten einer Fünfgang-Schaltnabe

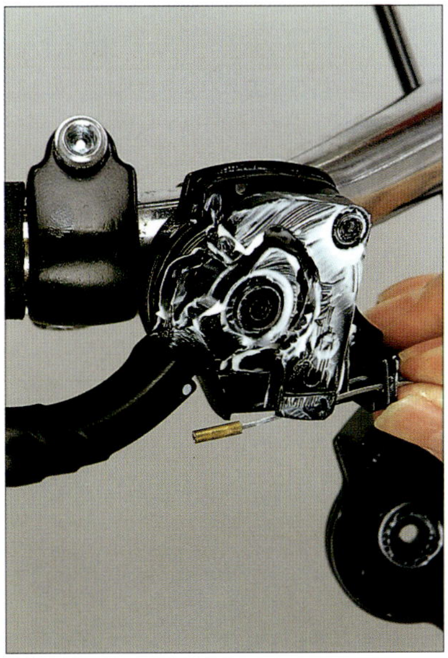

Oben: Eintritt der beiden Schaltzüge in einen Einhebelschalter.

Unten: Shimano-Siebengangnabe. Die Einstellung erfolgt, indem Farbmarkierungen des Mechanismus im vierten Gang zur Deckung gebracht werden.

Schalthebel-/Schaltzugmontage

Züge und/oder Schalter werden ausgewechselt, wenn sich das Schaltproblem durch Justieren der Züge bzw. Ölen der Nabe nicht beheben läßt. Besteht das Problem trotz neuen Schalters und neuer Züge fort, ist die Nabe defekt. Kaufen Sie am besten ein komplett neues Laufrad. Dann können Sie die alte Nabe in Ruhe zerlegen und nach offensichtlich schadhaften Teilen suchen.

Schalter und Züge sind grundsätzlich nur für Naben des jeweiligen Herstellers vorgesehen. Allerdings gibt es Übergangsstücke, die die Verbindung von Schaltzügen mit dem Schaltmechanismus einer Fremdnabe erlauben. Dreigangschalter verschiedener Hersteller sind häufig kompatibel. Zweizügige Fünfgangnaben lassen sich statt mit dem vorgesehenen komplizierten Einhebelschalter auch mit zwei Dreigangschaltern bedienen. An Werkzeug benötigen Sie einen Schraubendreher und Schraubenschlüssel.

Ausbau:

1. Lösen Sie die Einstellhülse an der Nabe.
2. Schieben Sie den Schaltzug in Richtung auf den Schalter, bis dort Durchhang vorhanden ist.
3. Einhebel-Fünfgangschalter werden aufgeschraubt, Dreigangschalter in den ersten Gang geschaltet. Schieben Sie den Nippel aus seiner Aufnahme. Halten Sie den Zug fest und schalten Sie in den höchsten Gang.
4. Ziehen Sie den Zug aus dem Schalter.
5. Entfernen Sie das zu ersetzende Teil (Schalter oder Zug).

Einbau:

1. Bringen Sie ggf. den neuen Schalter in der richtigen Stellung am Lenker an.
2. Fünfgang-Einhebelschalter werden geöffnet. Bei anderen Schaltern schieben Sie den Hebel möglichst weit zurück. Haken Sie den Nippel in die Aufnahme des Schalters.
3. Halten Sie den Zug straff und fädeln Sie ihn durch die Führungen und Anschläge bis zur Nabe.
4. Befestigen Sie ihn an der Hülse bzw. verbinden Sie diese mit Zugkettchen oder Hebel.
5. Stellen Sie die Schaltung ein.

Nabenlager-Justierung

Die Lager der Schaltnabe werden gewartet wie andere Nabenlager auch. Es handelt sich um konventionelle Lager mit Schale und Konus. Zuweilen ist ein spezieller Hakenschlüssel des betreffenden Herstellers erforderlich; ansonsten stellt die Einstellung, die immer von der linken Nabenseite her erfolgt, kein Problem dar.

Oben: Schaltmechanismus der Shimano-Siebengangschaltnabe.

Unten: Shimano-Siebengang-schalthebel mit Zug und Justier-schraube.

Arbeitsschritte:

1. Lösen Sie die linke Achsmutter um zwei bis drei Umdrehungen.
2. Lösen Sie die Kontermutter um 1 - 2 Umdrehungen und heben Sie die Sicherungsscheibe an.
3. Ziehen Sie den Konus an. Lösen Sie ihn dann wieder um maximal eine Viertelumdrehung, bis die Sicherungsscheibe das erste Mal greifen kann.
4. Halten Sie am Konus gegen und ziehen Sie die Kontermutter fest.
5. Ziehen Sie die Achsmutter an. Achten Sie auf mittigen Sitz des Laufrades.
6. Das Lagerspiel wird überprüft und ggf. nochmals korrigiert.

Siebengangnaben

Sowohl Sachs als auch Shimano stellen Siebengang-Schaltnaben mit Rücktrittbremse her. Allgemein verläuft die Wartung ähnlich wie bei Fünfgangnaben. Bei Sachs sitzt der Schaltmechanismus in einer Klickbox, einem Kunststoffkasten am rechten Achsstummel. Hier erfolgt die Einstellung der Schaltung. Zum Ausbau des Laufrades läßt sich die Box einfach aushaken. Bei Shimano sitzt der Schaltmechanismus als schmale Scheibe zwischen Ritzel und rechtem Ausfallende. Zum Ausbau des Laufrades muß der Zug vom Schaltmechanismus abgenommen und die Schaltung nach dem Einbau des Laufrades neu eingestellt werden.

Justieren der Schaltung:

1. Stellen Sie sicher, daß der Schaltzug nicht geknickt oder sonstwie beschädigt ist.
2. Gehen Sie in den ersten Gang und drehen Sie die Pedale um eine Umdrehung.
3. Sachs: Ziehen Sie die Klickbox von dem aus der Achse austretenden Stift ab. Setzen Sie die Klickbox wieder auf, bis der Zug straff ist.
4. Shimano: Justieren Sie die Zuglänge mit den Einstellschrauben, bis der Zug straff ist.
5. Schalten Sie versuchsweise durch alle Gänge. Gehen Sie ggf. in den ersten Gang zurück und nehmen Sie eine Feinabstimmung vor.

Noch mehr Gänge

Bei Drucklegung dieses Buches begann Rohloff gerade mit der Serienproduktion der exklusiven 14-Gang-Schaltnabe. Dank ihrer Kompaktlager entfällt das Einstellen von Lagerspiel. An Justagearbeiten fällt damit nur das Einstellen des Schaltzuges an. Dagegen nahm SRAM die 12-Gangnabe Elan nach kurzer Produktionszeit bereits wieder vom Markt. Sie spielt daher praktisch keine Rolle.

Kapitel 5

Klassische Seitenzugbremse, wie sie sich an Rennrädern findet. Sie eignet sich am besten für schmale Reifen.

Bremssysteme

Fahrradbremsen lassen sich in zwei Hauptgruppen unterteilen: Felgen- und Nabenbremsen. Erstere finden sich an MTBs, Renn- und Trekking-Rädern. Auch fast alle übrigen Räder haben vorn eine Felgenbremse. Felgenbremsen lassen sich einteilen in solche, die an der Felgenflanke, und solche, die am Felgenboden angreifen. Fast alle Fahrräder haben heutzutage Kastenfelgen und werden mittels Bowdenzügen an der Felgenflanke gebremst, während gestängebediente Felgenbodenbremsen äußerst selten geworden sind. Nabenbremsen finden sich als Rücktritt an vielen Gebrauchsrädern. An teureren Modellen trifft man auch Trommelbremsen, die darüber hinaus an Tandems als Zusatzbremse zum Einsatz kommen.

Bei jeder Art von Felgenbremse werden zwei Bremsschuhe gegen die Felge gepreßt. Zangenbremsen finden sich als Seiten- oder Mittelzugbremsen an Rädern für Straßengebrauch und werden als komplette Einheit angebracht. Cantilever- bzw. V-Bremsen dienen für MTBs, Trekking- und einige Reiseräder. Sie bestehen aus einzelnen Bremsenarmen, die auf Bremssockeln montiert werden, welche an Gabelscheiden bzw. Hinterbaustreben angelötet, -geschweißt oder -geklebt sind. Hinten wird eine Canti-Bremse immer an den Sattelstreben montiert, während bei einigen MTBs die Bremse als U-Brake unter den Kettenstreben zu finden ist.

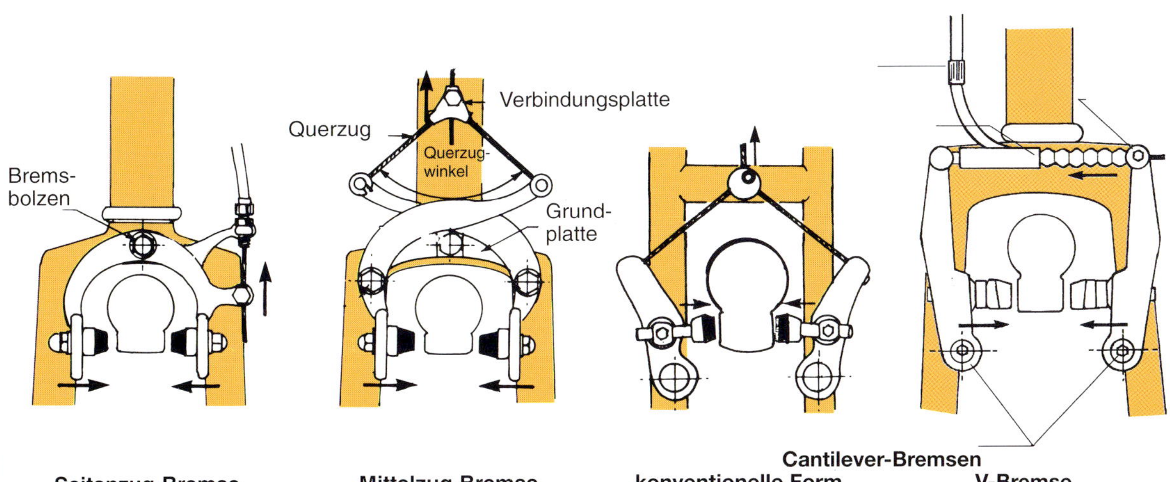

Abb. 5.1 - gebräuchliche Felgenbremsentypen

Oben: Typische Canti-Bremse. Viele MTBs, aber auch Trekking- und Reiseräder sind mit ihr ausgerüstet. Beachten sie den stumpfen Winkel zwischen den beiden Hälften des Querzuges, der die Bremsarme verbindet.

Es gibt noch weitere spezielle Bremstypen, besonders für MTBs, darunter hydraulische und Scheibenbremsen.

Alle üblichen Bremsen werden über Bowdenzüge durch Bremsgriffe bedient, die am Lenker sitzen. Der rechte Griff betätigt in der Regel die hintere, der linke die vordere Bremse, doch läßt sich dies je nach Geschmack ändern.

Bei vielen MTBs läuft der Zug der Vorderbremse entweder durch eine Bohrung im Vorbau oder über eine an diesem montierte Rolle. Beide Lösungen haben den Nachteil, daß die Bremse jedesmal völlig neu eingestellt werden muß, wenn man die Lenkerhöhe geändert hat. Es ist besser, einen Gegenhalter einzubauen, der zwischen Nasenscheibe und Kontermutter des Steuerlagers gehalten wird.

Canti- und Mittelzugbremsen weisen einen Querzug zwischen ihren Bremsarmen auf. Im Interesse optimaler Bremswirkung darf dieser Zug nicht länger sein als unbedingt nötig, d.h. der Winkel zwischen beiden Zughälften muß möglichst stumpf ausfallen. Bei den Modellen von Shimano entfällt der konventionelle Querzug: Aus einem der Bremsarme tritt der Hauptzug aus und wird mit dem anderen Bremsarm über einen kurzen Hilfszug und eine Zugklemme verbunden. Bei der V-Bremse entfällt auch der Hilfszug. Der bogenförmig geführte Bremszug zieht beide Bremsarme direkt linear gegeneinander.

Bremsen-Wartung

Für Wartungszwecke ist immer das gesamte System zu betrachten, bestehend aus Bremse, Zug, Zugführungen und Bremshebeln. Unzureichende Bremswirkung liegt häufig an den Kraftübertragungselementen und nicht so sehr an der Bremse selbst. Bei der Ursachensuche ist daher systematisch vorzugehen und eine Komponente nach der anderen zu überprüfen.

Unten: Die Mittelzugbremse wird heute kaum noch verwendet. Dabei gehört sie zu den zuverlässigsten Bremsen, die es gibt.

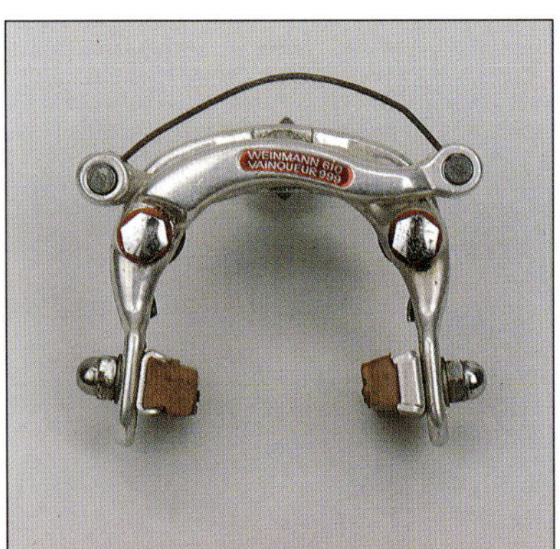

Bei unzuverlässiger Bremsfunktion, meist verbunden mit Quietschen oder Vibrationen, liegt die Störung in der Regel in verschmutzten oder fettigen Felgen, falsch positionierten Bremsschuhen oder losen Verbindungen begründet. Überprüfen Sie als erstes die Felge, dann den festen Sitz von Bremsschuhen, -armen und -hebeln sowie der Bremszüge und ihrer Gegenhalter. Ist die Felge beschädigt, muß sie in der Regel ausgetauscht werden. Alle übrigen Mängel lassen sich dagegen relativ leicht abstellen.

Bremsschuh-Justierung

Diese simple Verrichtung beendet häufig nicht nur lästige Geräuschentwicklung und Vibrationen, sondern kann auch unzureichende Bremsleistung abstellen und ernsthafterem Schaden vorbeugen. Mit zunehmender Abnutzung eines Bremsschuhes verändert sich dessen Stellung auf der Felge. Bei Canti-Bremsen wandert sein Auflagepunkt in Richtung auf die Nabe, während er sich bei allen anderen Bremsen zum Reifen hin verschiebt.

Oben: Wenn die Befestigungsschraube des Bremsschuhes angezogen wird, muß dieser gut festgehalten werden.

Unten: Zum Testen der Bremse ziehen Sie den Hebel mit voller Kraft. Gute Bremswirkung sollte bereits vorhanden sein, wenn zwischen Hebel und Lenkergriff noch 2 cm Luft verbleiben.

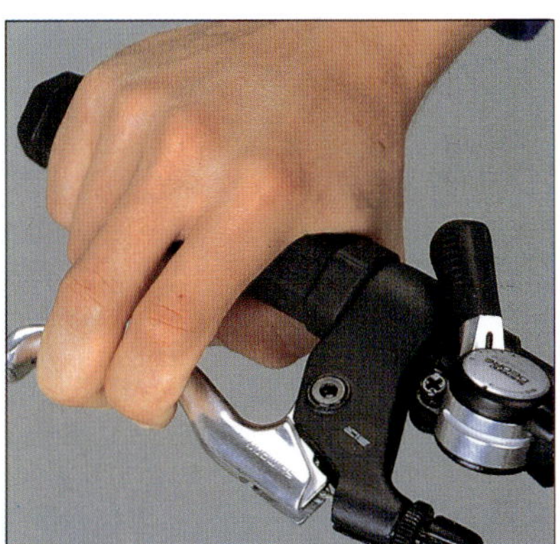

Ohne Gegenmaßnahmen würde der Bremsschuh irgendwann von der Felge herunter gegen Reifen oder Speichen laufen.

Um dies zu verhindern, genügt der unten beschriebene regelmäßige Test der Bremsfunktion nicht: Sie müssen auch auf die Stellung der Schuhe auf der Felge achten und sie wenn nötig justieren. Außerdem sollte die Vorderkante jedes Schuhes sich um 1 - 2 mm näher an der Felge befinden als sein Heck, um die Verdrehung des Bremsarmes auszugleichen, wenn beim Bremsvorgang der Schuh von der Felge nach vorn mitgerissen wird. Hierdurch verdreht sich auch der Schuh und liegt dann hinten stärker als vorn an. Nur mit angemessenem Anstellwinkel des Schuhes zur Felge wird die Bremskraft gleichmäßig von der gesamten Fläche des Schuhes ausgeübt.

Werkzeug und Ausrüstung:
Zange
5-mm-Inbusschlüssel
9-mm-Schraubenschlüssel

Arbeitsschritte:

1. Lösen Sie die den Bremsschuh haltende Schraube um eine oder zwei Umdrehungen.
2. Schieben Sie ein Stückchen ca. 1 mm dicker Pappe unter die hinteren 10 mm des Bremsschuhes. Ziehen Sie den Bremsgriff leicht an, während Sie den Bremsschuh richtig positionieren. Dieser sitzt in der Regel auf einer gewölbten Unterlegscheibe, damit sich sein Anstellwinkel verändern läßt.
3. Ziehen Sie dann den Hebel voll. Ein Helfer sichert den Schuh mit einer Zange (am besten mit lederumwickelten Backen) gegen Verdrehen, während Sie die Halteschraube anziehen.
4. Überprüfen Sie den Erfolg der Einstellarbeit und bessern Sie, falls erforderlich, nach.

Bremsprüfung

Um sich von der Wirkung und vom Zustand der Bremsen zu überzeugen, prüfen Sie diese auf die nachfolgend beschriebene Weise regelmäßig - unter normalen Bedingungen einmal pro Monat. Ziel ist es, festzustellen, ob die in Anbetracht der durch die Geometrie eines Fahrrades gegebenen Einschränkungen maximal mögliche Verzögerung erreicht wird. Werkzeug wird nicht benötigt.

Vorgehensweise:

1. Bringen Sie das Fahrrad auf ebener, verkehrsfreier Straße auf schnelles Fußgängertempo (ca. 8 km/h).

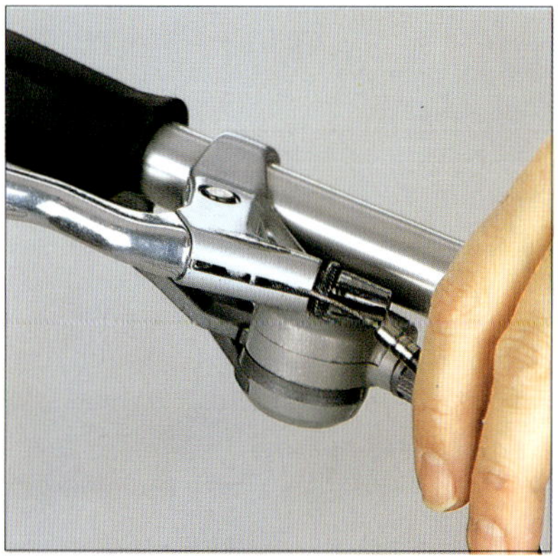

Oben: An MTBs und anderen Rädern ohne Rennlenker kann der Bremszug ausgehängt werden, sobald er entspannt wurde und die Schlitze von Bremsgriffkörper, Einstellschraube und Kontermutter übereinander stehen.

Unten: Klassischer Bremshebel für Rennlenker. Hier findet sich die Einstellschraube an der Bremse selbst anstatt am Griff.

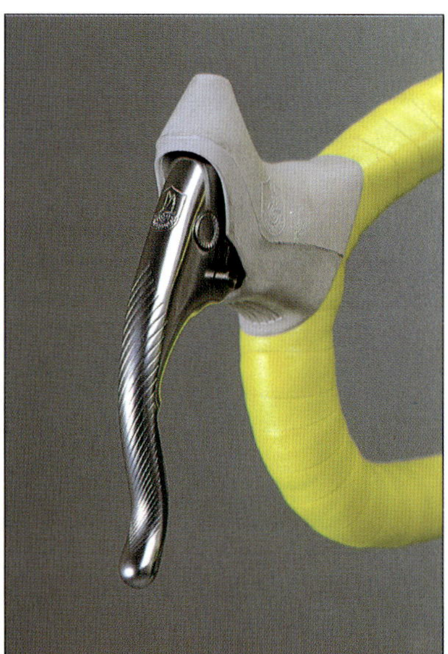

2. Ziehen Sie die hintere Bremse voll. Blockiert das Hinterrad, ist die maximal mögliche Verzögerung erreicht (ca. 3,5 m/sec^2).

3. Wiederholen Sie den Test etwas vorsichtiger mit der Vorderbremse. Sobald das Hinterrad abhebt, lassen Sie die Bremse los. Sie haben dann eine ausreichende Verzögerung von ca. 6,5 m/sec^2 erzielt.

Bremsinspektion

Besteht eine der Bremsen obigen Test nicht, wird das gesamte Bremssystem überprüft, und die erforderlichen Korrekturen werden vorgenommen. Für die Inspektion selbst ist gemeinhin kein Werkzeug erforderlich, wohl aber zum Abstellen dabei aufgedeckter Probleme.

Arbeitsschritte:

1. Überprüfen Sie Felge und Bremsschuh. Nasser oder fettiger Schmutz kann sich katastrophal auf die Bremsleistung auswirken. Entfetten Sie die Felge; bürsten Sie den Bremsschuh mit Stahlwolle.

2. Kontrollieren Sie, ob die Bremszüge beschädigungs-, insbesondere knickfrei und freigängig sind. Bei Hydraulikbremsen überprüfen Sie die Leitungen auf Dichtigkeit. Gestängebremsen werden auf festen Sitz des Gestänges kontrolliert. Säubern, fetten oder ersetzen Sie Züge, die schwergängig geworden sind. Beheben Sie sonstige Fehler, die Sie entdeckt haben.

3. Begutachten Sie die Hebel. Sie müssen fest montiert sein und dürfen sich auch bei vollem Zug dem Lenker auf nicht mehr als 2 cm nähern. Schmieren Sie ggf. das Hebelgelenk, ziehen Sie die Befestigung nach oder stellen Sie Griffweite bzw. Zuglänge ein.

4. Stellen Sie sicher, daß die Bremsarme bzw. -zangen freigängig sind und beim Lösen der Bremse zurückfedern. Wenn nötig, reinigen und schmieren Sie die Gelenkstellen, justieren die Rückstellfeder einer Cantibremse (für die es meist verschiedene Einhängepunkte gibt), gleichen die Rückstellkraft zwischen den Bremsarmen aus bzw. richten die Bremse mittig aus. Lösen Sie zu fest angezogene Befestigungsschrauben an Bremszange oder -arm. Wenn alles nichts hilft, ersetzen Sie die Bremse.

Bremsen-Justierung

Die Einstellprozedur verläuft bei allen Zangenbremsen ziemlich gleich, obwohl der Mechanismus von Modell zu Modell anders aussehen kann. An Werkzeugen ist für die Mittelzugbremse eine Spitzzange hilfreich, während Sie bei anderen Bremsen evtl. Inbus- oder Schraubenschlüssel für die Zugklemme benötigen.
Am häufigsten erforderlich ist, den Bremszug nachzustellen, um den Ver-

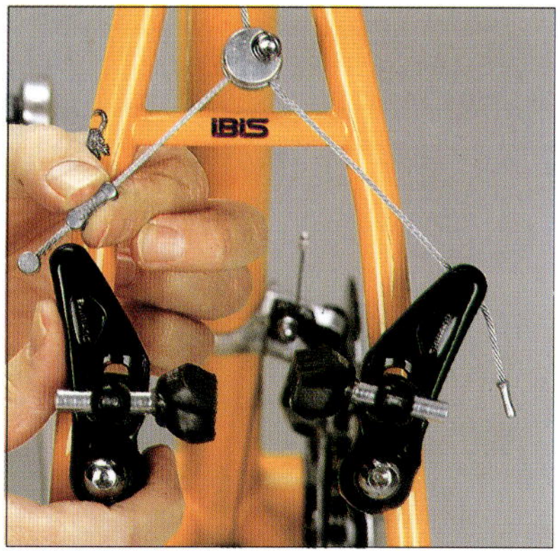

Der Querzug einer Cantilever-Bremse kann am Bremsarm ausgehängt werden, um die Bremse zu öffen.

schleiß der Bremsschuhe auszugleichen. Diese Arbeit verläuft bei allen Bremstypen ziemlich gleich. Korrigieren Sie als erstes die Positionierung der Bremsschuhe, wie zuvor beschrieben, damit sie nicht irgendwann am Reifen schleifen oder in die Speichen abrutschen.

Werkzeug und Ausrüstung:
5-mm-Inbusschlüssel
9-mm-Gabelschlüssel
Zange

Arbeitsschritte:

1. Bei unzureichender Bremsleistung stellen Sie zunächst den Zug durch Herausdrehen der Einstellschraube an Bremshebel oder Bremse nach.
2. Läßt sich hierdurch ein Zupacken der Bremse nicht erzielen, während noch zwei Zentimeter Abstand zwischen Bremshebel und Lenker verbleiben, drehen Sie die Einstellschraube ganz hinein.
3. Lösen Sie die Zugklemmung und ziehen Sie den Innenzug weiter durch die Klemme. Die Bremsschuhe werden hierbei entweder mittels Werkzeug ('Dritter Hand') oder von einem Helfer an die Felge gedrückt, oder Sie fixieren den Innenzug mit einer Zange.
4. Ziehen Sie die Klemmvorrichtung wieder an. Nehmen Sie mit der Zugstellschraube eine Feinjustierung vor.
5. Bremst die Bremse jetzt gut, löst sich aber nicht ausreichend von der Felge, sobald der Hebel losgelassen wird, überprüfen und warten Sie das gesamte Bremssystem.

Nockenbremse

Ein sehr seltener Bremstyp, der gleichwohl einige für Reiseräder und MTBs besonders interessante Eigenschaften aufweist, aber immer optimal eingestellt sein muß. Eine Justierung, die sich von der anderer Bremstypen unterscheidet, steht an, sobald die Bremswirkung nachläßt. Überprüfen Sie zunächst jedoch, ob die Felge auch wirklich fettfrei ist - eine häufige Ursache für schlechte Bremswirkung.

Werkzeug und Ausrüstung:
5-mm-Inbusschlüssel
9 - bis 10-mm-Schraubenschlüssel
14-mm-Konusschlüssel

Arbeitsschritte:

1. Prüfen Sie, ob die Felge mittig zwischen den Streben bzw. Gabelscheiden steht. Korrigieren Sie ggf. den Sitz des Laufrades bzw. zentrieren Sie es.
2. Kontrollieren Sie, ob beide Bremsarme gleich zur Felge stehen. Die Zentrierung der Bremse hängt von der Rückstellfederspannung ab. Bei den meisten Modellen findet sich für jeden Hebel eine eigene Feder, so daß beide unabhängig voneinander justiert werden können. Stellen Sie zunächst sicher, daß die Hebelgelenkmuttern fest angezogen sind. Verdrehen Sie dann mit einem flachen 14er Gabelschlüssel die Achsbuchsen unmittelbar unter

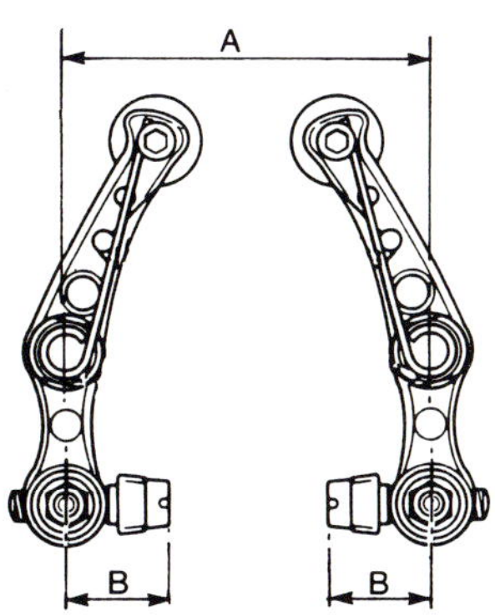

Abb. 5.2
Abmessungen der Nockenbremse

Oben: Justieren einer Seitenzugbremse mit einer universellen Einstellhilfe. Für die meisten teureren Seitenzugbremsen bieten deren jeweilige Hersteller eigene Einstellwerkzeuge an.

Unten: Bei STI-Bremsen von Shimano erfolgt die Zentrierung mittels einer Inbus-Madenschraube am Ende des einen Bremsarmes.

den Bremsarmen um jeweils nur sehr kleine Winkel, bis beide Bremsarme symmetrisch stehen. Einer der Bremsarme kann aber auch eine kleine Schraube aufweisen, mit der sich seine Stellung justieren läßt.

3. Messen Sie den horizontalen Abstand zwischen Auflagefläche der Schuhe und dem Mittelpunkt der Hebelzapfen sowie die Distanz zwischen den Mittelpunkten beider Hebelzapfen. Überprüfen Sie anhand der folgenden Tabelle, ob beide Maße zueinander passen. Schieben Sie die Bremsschuhe ggf. weiter hinein oder heraus.

Maß A	Maß B
92 mm	29 mm
90 mm	28 mm
88 mm	27 mm
86 mm	26 mm
84 mm	25 mm

4. Überprüfen Sie, ob die Bremsschuhe bei Betätigung des Bremshebels mit ihrer gesamten Arbeitsfläche auf der Felge anliegen.

Bremszentrierung

Eine dezentrierte Bremse, bei der der eine Schuh an der Felge schleift, während der andere zu großen Abstand zu ihr hat, ist eines der frustrierendsten Probleme am Fahrrad überhaupt. Schleift der Schuh nicht über den gesamten Radumfang an der Felge, zentrieren Sie zunächst das Laufrad. Ansonsten sind die Maßnahmen zum Abstellen des Problems typabhängig.

Mittelzugbremse:

Hier besteht die Abhilfe einfach darin, die Stellung der Grundplatte, an der die Bremshebel angebracht sind, passend zu verändern.

1. Lösen Sie die Mutter des Bremsbolzens leicht, so daß sich die Platte gerade eben verdrehen läßt.
2. Drehen Sie sie geringfügig, um die Abstände zwischen Bremsschuhen und Felge auszugleichen.
3. Ziehen Sie die Mutter wieder an. Halten Sie dabei die Platte fest, damit sie sich nicht mitdreht.
4. Prüfen Sie das Ergebnis. Wiederholen Sie nötigenfalls Schritte 1 - 3.
5. Ölen Sie ggf. die Hebelgelenke und fetten Sie die Anlageflächen der Federschenkel.

Seitenzugbremse:

Das Problem liegt darin, daß der Bremsbolzen sich verdreht hat. Häufig versucht er, trotz heftiger Korrekturbemühungen Ihrerseits, seine falsche Position wieder und wieder einzunehmen, sobald die Bremse erneut betätigt wird. Für die Bremsen mancher Hersteller gibt es besondere Einstellwerkzeuge einschließlich Gebrauchsanleitung, anhand derer der Bremsbolzen justiert wird. Es existiert aber auch Universalwerkzeug zum Einstellen

Oben: Die meisten modernen Cantilever-Bremsen lassen sich mit einer kleinen Einstellschraube an einem der Bremsarme zentrieren.

Unten: Cantilever-Bremsarme werden durch Lösen des Zapfenbolzens demontiert.

von Seitenzugbremsen, mit dem die Bremse entsprechend verdreht werden kann. Sonst gehen Sie wie folgt vor:

Werkzeug und Ausrüstung:
13- o. 14-mm-Konusschlüssel
6-mm-Inbusschlüssel

Arbeitsschritte:

1. Findet sich zwischen Bremse und Rahmen bzw. Gabel ein Ansatz für einen Gabelschlüssel in der Form paralleler, gerader Flächen, setzen Sie hier den Konusschlüssel und an der Bremsbolzenmutter den Inbus an. Alternativ zum Konusschlüssel kann an der Bremsbolzenspitze ein zweiter Inbus angesetzt werden.
2. Bei älteren Bremsen finden sich an der Bremsbolzenspitze Kontermuttern. Setzen Sie einen Gabelschlüssel an der vorderen Mutter an, wenn Sie im Uhrzeigersinn, bzw. an der hinteren, wenn Sie im Gegenuhrzeigersinn verdrehen wollen. Setzen Sie an der Mutter am rahmenseitigen Ende des Bolzens einen zweiten Schlüssel an.
3. Zum Verstellen des Bolzens bewegen Sie jeweils beide Werkzeuge parallel.

In hartnäckigen Fällen setzen Sie eine glatte Stahl-Unterlegscheibe zwischen Bremse und Gabelkopf oder Rahmen bzw. vor die dort manchmal zu findende gekrümmte Adapterscheibe. Dies verhindert, daß Oberflächenunebenheiten die Bremse immer wieder dazu verleiten, in eine bestimmte, ungünstige Position zu gelangen.

Cantilever-Bremse:

1. Die meisten Modelle weisen in einem der Bremsarme eine kleine (Maden-)Schraube (Kreuzschlitz oder Inbus) auf, mit der sich die Vorspannung der Feder beeinflussen läßt.
2. Sonst könnte sich zwischen Bremsarm und -zapfen ein Ansatz für einen 14er Konusschlüssel finden, mit dem sich der Bremsarm verstellen läßt.
3. Bei den meisten Dia-Compe-Bremsen wird der Bremsbolzen etwas gelöst und die dahinterliegende Achsbuchse mit einem 13er Konusschlüssel verstellt. Anschließend ziehen Sie den Bolzen wieder an.
4. Bei älteren Bremsen ohne besonderen Einstellmechanismus hat man meist zumindest die Wahl unter mehreren Löchern in der Basis des Anlötsockels, in die man die Rückstellfeder einhängen kann. Ansonsten müssen Sie die Feder mit der Zange biegen.

U-Brake:

Hier findet sich wiederum an einem der Bremsarme normalerweise eine Verstellschraube, durch deren Hineindrehen man den Arm näher an die Felge bzw. durch Hinausdrehen weiter von der Felge weg positioniert. Ansonsten müssen Sie die Bremse zerlegen und die Rückstellfeder biegen, bis die Bremsarme zentrisch stehen.

Oben: Die meisten modernen Seitenzugbremsen weisen einen Schnellöffnungshebel auf, mit dem der Zug ge- bzw. entspannt wird, um ihn leichter verstellen oder das Laufrad herausnehmen zu können, ohne mit dem Reifen an den Bremsschuhen hängenzubleiben.

Unten: Das Innenleben einer Cantilever-Bremse. Die Rückstellfeder sitzt in der zylindrischen Buchse zwischen Sockel und Bremsarm.

Bremsen-Montage

Bei Rädern, die viel im Gelände oder bei schlechtem Wetter gefahren werden, sollten Sie die Bremsen jährlich warten, spätestens aber, sobald die Bremsleistung nachläßt und ein Justieren nicht hilft.

Natürlich unterscheidet sich die Prozedur geringfügig von Bremstyp zu Bremstyp. Ich gebe hier allgemeine Hinweise, die zumeist auf sämtliche Bremsenmodelle zutreffen, und zusätzlich einige spezifische Anleitungen.

Am besten bauen Sie das Laufrad aus. Verfügt die Bremse nicht über einen Schnellöffnungsmechanismus, drücken Sie die Bremsarme zusammen und hängen den Zug aus (Mittelzug, U-Brake bzw. Cantilever). Bei der Nockenbremse drehen Sie die Steuerplatte aus und klinken ein Ende einer der Rückstellfedern aus, so daß die Bremse asymmetrisch öffnet.

Werkzeug und Ausrüstung:

13 - und 14-mm-Konusschlüssel
Schraubenschlüssel
Spitzzange
5-mm-Inbusschlüssel

Ausbau:

1. Drücken Sie die Bremsschuhe zusammen und hängen Sie den Zug aus bzw. drehen Sie die Steuerplatte der Nockenbremse zwischen den Rollen heraus.
2. Überprüfen Sie den Zustand des Zuges und ersetzen Sie letzteren ggf. Öffnen Sie hierzu die Zugklemme mit Inbus- bzw. Schraubenschlüssel. Ist eine Endkappe vorhanden, wird diese abgezogen oder -geschnitten. Ziehen Sie den Zug heraus. Beim späteren Einbau des neuen Zuges quetschen Sie eine neue Endkappe auf oder verlöten das Zugende, damit es nicht auffasert (vgl. Bremszug-Montage).
3. Lösen Sie die Bremsarmbolzen bzw. schrauben Sie bei Seiten- oder Mittelzugbremse die gesamte Bremse ab.
4. Cantibremse: Mit der Zange fassen Sie den rahmenseitigen Schenkel der Rückstellfeder und ziehen Bremsarm, Führungsbuchse und Feder vom Bremssockel ab.
5. Reinigen und inspizieren Sie alle Teile. Ersetzen Sie beschädigte Teile. Entrosten Sie ggf. den Bremssockel und fetten Sie ihn. Bei der Nockenbremse bauen Sie evtl. die Rollen aus, um sie zu reinigen und zu fetten. Ölen Sie Gelenke und Federanlageflächen von Seiten bzw. Mittelzugbremse.
6. Ersetzen Sie verschlissene Bremsschuhe. Ansonsten schneiden Sie eventuell vorhandene Fahnen der Bremsschuhe ab. Säubern Sie die Bremsschuhe, speziell die Wasserabfuhrrillen, von eingedrungenen Steinsplittern, die die Felge riefen könnten.

Oben: Seiten- bzw. Mittelzugbremse werden als komplette Einheit mit einer einzigen Mutter abgenommen, die sich an der Frontseite des hinteren Bremssteges bzw. der Rückseite des Gabelkopfes findet.

Unten: Heutige Bremsschuhe bestehen meist nicht aus separatem Metallträger und dem eigentlichen Belag. Vielmehr ist ein metallenes Gewindeauge, in das die Befestigungsschraube gedreht wird, in das Bremsschuhmaterial eingelassen.

Einbau:

1. Alle Teile sind jetzt sauber, funktionstüchtig und, wo erforderlich, geschmiert. Legen Sie die Rückstellfedern auf die Bremssockel, mit dem langen Schenkel nach oben und zur Rahmenmitte zeigend.
2. Plazieren Sie die Führungsbuchsen über die Federn und Bremssockel, so daß der zylindrische Teil der Buchse von der Strebe weg zeigt.
3. Setzen Sie die Bremsarme auf die Führungsbuchsen, gefolgt von U-Scheibe und Bolzen bzw. Mutter.
4. Bei der Nockenbremse haken Sie den Federschenkel in das Loch der Rollenachse jedes Bremsarmes.
5. Drücken Sie die Bremsschuhe zusammen und hängen Sie den Zug ein bzw. setzen Sie bei der Nockenbremse die Steuerplatte zwischen die Rollen.
6. Mittel- bzw. Seitenzugbremse werden als komplette Einheit wieder angebaut.
7. Korrigieren Sie ggf. die Zuglänge durch Verstellen der Einstellschraube an Bremse oder Griff. Falls dies nicht reicht, lösen Sie die Klemmung des Innenzuges an Steuer- oder Verbindungsplatte bzw. Bremsarm und ändern den Sitz des Zuges.
8. Stellen Sie die Bremse ein.

Bremsgriff-Justierung

Obwohl es sehr viele verschiedene Arten und Modelle von Bremsgriffen für Rennräder einerseits bzw. MTBs andererseits gibt, sind die jeweiligen Übereinstimmungen so groß, daß die nachfolgenden Hinweise alle Griffe mit Ausnahmen der außergewöhnlichsten Typen abdecken. Gemeinhin sind Griffe auf einen Außendurchmesser des Lenkers von 22,2 mm abgestimmt, wie man ihn typischerweise an jedem Rad findet. Weicht das Maß Ihres Lenkers hiervon ab, benötigen Sie eine modifizierte oder handgefertigte Schelle für die Bremsgriffbefestigung.

Bremshebel sind so anzubringen, daß sie bequem erreicht werden können und beim Anziehen des Hebels noch zwei Zentimeter Luft zwischen ihm und dem Lenker bleiben. Es gibt vier Kriterien bei der Einstellung des Bremshebels:

- Stellung
- Griffweite
- Zugführung
- Zugspannung

Werkzeug und Ausrüstung:

9 - bis 10-mm-Schraubenschlüssel

kleiner Schraubendreher (bei älteren Modellen)

5-mm-Inbusschlüssel

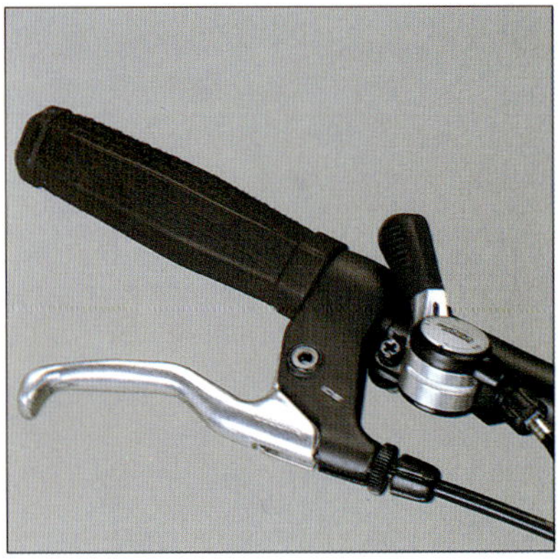

Oben: Bei den meisten MTBs findet sich am Bremsgriff ein Zugeinsteller.

Stellung:

1. Überlegen Sie, in welcher Stellung der Bremsgriff am bequemsten sitzt.
2. Überprüfen Sie, ob hierzu andere in Bremsgriffnähe befindliche Komponenten, z.B. Schalthebel, ebenfalls verlegt werden müssen. Lösen Sie derartige Komponenten.
3. Mit Inbus- oder Schraubenschlüssel lösen Sie die Schelle des Bremsgriffes leicht. Drehen bzw. schieben Sie den Griff in die gewünschte Stellung. Der Griff darf jedoch niemals über das Lenkerende hinausragen, damit er sich nicht verfangen und eine ungewollte Bremsung auslösen kann, wenn Sie zu dicht an einem Hindernis vorbeifahren. Ziehen Sie die Schelle wieder an.
4. Bei Rennbremsgriffen läßt sich die Schelle durch eine innenliegende Schraube lösen, die Sie erreichen, wenn der Griff gezogen und der Zug entspannt oder ausgebaut ist. Bei alten Bremsen handelt es sich um eine Schlitz- bzw. bei modernen Typen um eine Inbusschraube. Drehen Sie diese niemals ganz heraus, da der Wiedereinbau kompliziert wäre.
5. Haben Sie noch andere Komponenten gelöst, werden diese ggf. ebenfalls neu positioniert, so daß auch sie bequem sitzen, und in jedem Fall wieder befestigt.

Griffweiten-Justierung

1. Bei vielen MTB-Bremsgriffen gibt es eine Schraube zum Justieren der Griffweite. Bei gekrümmten Lenkern, also auch am Rennrad, läßt sich die Griffweite über die Positionierung des Hebels in Relation zur Krümmung bestimmen.
2. Vergleichen Sie die Stellung des nicht gezogenen Bremshebels mit der Griffweite Ihrer Finger. Der Hebel soll nicht näher am Lenker stehen als in Anbetracht Ihrer Fingerlänge unbedingt erforderlich, da eine weite Auslage des Griffs mehr Hebelweg für die Betätigung der Bremse zur Verfügung stellt und diese damit leichter zu justieren ist.
3. Drehen Sie die Einstellschraube hinein, um den Hebel enger, bzw. heraus, um den Griff weiter zu stellen.
4. Vergewissern Sie sich, daß die Bremse korrekt betätigt werden kann. Passen Sie, falls erforderlich, die Bremszuglänge an, wie nachfolgend beschrieben wird.

Unten: Bei einigen Modellen läßt sich die Griffweite schrittweise mit einer schlichten Schraube am Bremsgriffkörper justieren.

***Oben:* Auch an dieser Stelle des Bremshebelkörpers kann die Schraube zum Justieren der Griffweite sitzen.**

***Unten:* Bei Bremsgriffen für Rennlenker findet sich die Schraube, mit der der Griffkörper am Lenker gehalten wird, im Griffkörperinnern. Um sie mit dem Inbusschlüssel erreichen zu können, muß der Griff gezogen und meist auch der Zug entspannt werden.**

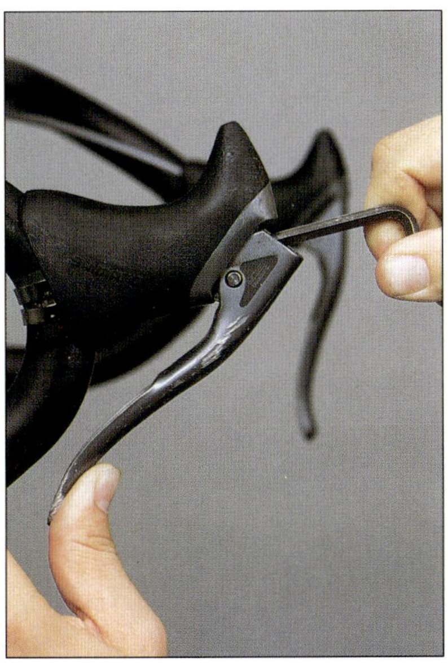

Bremszug-Justierung

Beim Einstellen der Bremszuglänge handelt es sich um die häufigst erforderliche Arbeit an der Bremse, da der Verschleiß der Bremsschuhe kompensiert werden muß. Es findet sich entweder eine Einstellschraube am Bremsgriff (MTB) oder an der Bremse (Rennrad). Reicht der Verstellumfang der Schraube nicht aus, muß der Punkt, an dem der Innenzug eingeklemmt wird, versetzt werden. Die Vorgehensweise hierbei hängt vom Bremsmodell ab, aber die nachfolgende Anleitung läßt sich ausreichend verallgemeinern, um die meisten Fälle abzudecken.

Werkzeug und Ausrüstung:
5-mm-Inbus bzw. 9-mm-Schraubenschlüssel Spitzzange

Arbeitsschritte:

1. Ist der Widerstand beim Ziehen des Bremshebels unzureichend, muß der Zug straffer gestellt werden. Wenn umgekehrt die Bremse zu früh zu fassen scheint bzw. permanent an der Felge schleift, muß der Zug etwas entspannt werden.
2. Zum Spannen des Zuges halten Sie die Kontermutter fest, während Sie die Einstellschraube herausdrehen. Ziehen Sie anschließend die Kontermutter wieder an.
3. Zum Entspannen des Zuges halten Sie zunächst die Einstellschraube fest, während Sie die Kontermutter in Richtung auf den Außenzug drehen. Schrauben Sie dann die Einstellschraube hinein. Halten Sie sie fest und ziehen Sie die Kontermutter an.
4. Überprüfen Sie das Ergebnis und wiederholen Sie erforderlichenfalls die Korrektur.
5. Falls der Einstellumfang der Schraube nicht reicht, drehen Sie die Kontermutter ganz heraus und die Einstellschraube ganz hinein. Verändern Sie anschließend den Klemmpunkt des Innenzuges.
6. Das Zugende steckt entweder im Querloch einer Klemmschraube mit Gegenmutter oder wird in Halbrundrillen zwischen Bremskörper und einer Scheibe durch eine Schraube gehalten. Lösen Sie die Schraube bzw. halten Sie diese, während Sie die Mutter lösen, bis Sie den Zug weiter durchziehen können. Fixieren Sie den Zug, während Sie die Klemmschraube wieder anziehen.
7. Überprüfen Sie das Ergebnis. Nehmen Sie erforderlichenfalls eine Feineinstellung an der Stellschraube vor.

Querzug

Die Wirkung einer Cantileverbremse kann zu wünschen übrig lassen, wenn die beiden Querzughälften in zu spitzem Winkel zueinander stehen. Der Querzug muß im Interesse optimaler Bremsleistung so kurz als möglich ausfallen, ohne den Reifen zu berühren. Wenn bei Ihrer Bremse der

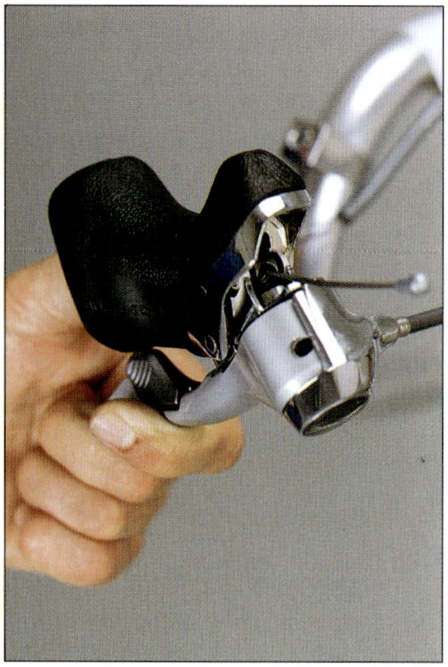

Oben: Einführen des Bremszuges bei einem STI-Hebel von Shimano.

Hauptzug durch eine Umlenkklemme direkt zu einem der Bremsarme führt, während der zweite Bremsarm durch einen kurzen Hilfszug bedient wird, muß dieser Hilfszug so kurz als möglich ausfallen und die Umlenkklemme so gesetzt werden, daß sie möglichst nahe an Reifen oder Schutzblech sitzt, aber natürlich symmetrisch zwischen den Bremsarmen.

Bremszug-Montage

Bei der Jahresinspektion bzw. immer dann, wenn ein Zug geknickt oder sonstwie beschädigt oder korrodiert ist bzw. auffasert, sollten Sie ihn austauschen. Der neue Zug muß den gleichen Nippel aufweisen wie der bisherige Zug. Der Nippel wird bei gezogenem Griff sichtbar.

Werkzeug und Ausrüstung
5-mm-Inbusschlüssel
Seitenschneider/Bowdenzugzange
Lötkolben und -zinn oder Zange
9-mm-Schraubenschlüssel
Fett

Ausbau:

1. Öffnen Sie die Bremse. Drücken Sie hierzu ggf. die Bremsschuhe zusammen und hängen Sie den Zug oder die Steuerplatte (Nockenbremse) aus.
2. Schneiden oder ziehen Sie eine etwaig vorhandene Endkappe des Innenzuges ab. Lösen Sie die bremsseitige Klemmung des Innenzuges, bis der Zug sich bewegt.
3. Schieben Sie den Innenzug zum Bremsgriff hin, bis Sie ihn dort fassen können. Ziehen Sie den Zug aus der Außenhülle. Verlieren Sie hierbei keine Kleinteile, wie z.B. Außenzug-Endbuchsen.
4. Haken Sie den Nippel aus dem Bremsgriff.
5. Bei einigen Bremsgriffen gibt es mehrere Positionen zum Einhängen des Nippels, um den Griff an verschiedene Bremsarten anzupassen. Merken Sie sich in diesem Fall beim Ausbau die Position, in der der Nippel sitzt, und achten Sie beim Einbau des Zuges darauf, diesen auch wieder in der richtigen Position einzuhängen.

Unten:
Links: Die Verbindung von Haupt- und Querzug an einer Canti- oder Mittelzugbremse.
Mitte: So wird eine U-Brake zentriert.
Rechts: Anlötgegenhalter für einen Bremszug. Mittels der Schlitzung läßt sich der Zug aushängen, um ihn zu schmieren oder die Bremse zu öffnen.

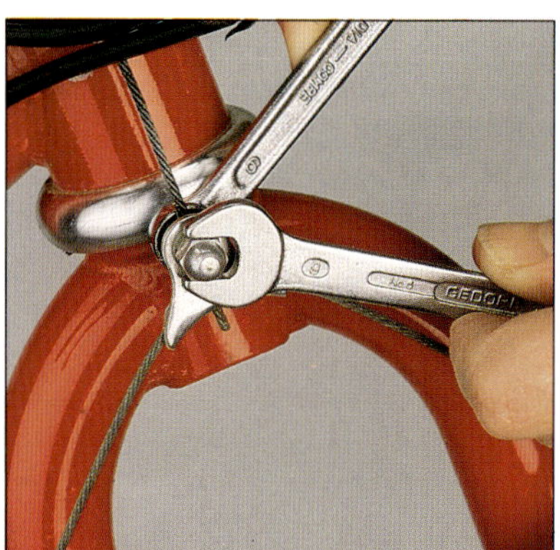

Oben: Innenzüge müssen mit einem scharfen Werkzeug geschnitten werden, damit sie nicht auffasern.

Mitte: Halten Sie den Zug stramm, während Sie die Zugklemme anziehen.

Unten: Um ein Auffasern zu verhindern, wird der Zug entweder vor dem Ablängen an der Schnittstelle verlötet oder hinterher eine Endkappe auf das Zugende gequetscht.

Einbau:

1. Drehen Sie Einstellschrauben an Bremsgriff bzw. Bremse ganz hinein.
2. Prüfen Sie den Außenzug und ersetzen Sie ihn ggf. Achten Sie beim Ablängen darauf, daß keine nach innen ragenden Grate zurückbleiben. Feilen Sie solche Grate ab.
3. Fetten Sie ggf. den Innenzug.
4. Hängen Sie den Nippel am Griff ein. Fädeln Sie den Zug durch Griff, Zughüllen und die diversen Führungen bis in die Klemmvorrichtung.
5. Halten Sie den Zug stramm, während ein Helfer die Bremsschuhe zusammendrückt, und ziehen Sie die Klemme an.
6. Nehmen Sie mit der Einstellschraube eine Feineinstellung der Zuglänge vor.
7. Verlöten Sie die Stränge des Innenzuges an der Stelle, wo Sie ihn ablängen wollen (ca. 3 cm hinter der Klemme).
8. Längen Sie den Zug mit einem speziellen Bowdenzugschneider oder einem wirklich scharfen, präzisen Seitenschneider ab.
9. Wenn Sie nicht über die nötige Lötausrüstung verfügen, können Sie auf das Zugende nach dem Ablängen auch eine Endkappe aufquetschen, damit der Zug nicht auffasert.

Rücktritt

Rücktrittbremsen, vor allem bei Gebrauchsrädern oft zu finden, sind gut in der Wirkung. Da es keine Züge, Hebel oder Gestänge gibt, ist ihre Wartung überaus einfach und beschränkt sich auf das Einstellen des Lagerspieles bzw. das Warten der Lager. Rücktrittbremsen können bei Dauerbetätigung an langen Gefällen heißlaufen und im Extremfall das Öl verbrennen. Ausreichende Abhilfe in diesem Fall besteht in der Regel darin, daß Sie die abgekühlte Nabe teilzerlegen und die Lager mit dem vom Hersteller empfohlenen Fett oder Öl schmieren.

Nabenlager-Justierung

Überprüfen Sie das Lagerspiel von Zeit zu Zeit wie bei jeder anderen Nabe auch. Läuft die Nabe schwer oder hat sie Spiel, wird das Lager eingestellt, wozu das Laufrad ausgebaut wird. Sie benötigen einen Hakenschlüssel mit passendem Radius.

Arbeitsschritte:

1. Lösen Sie die äußere Kontermutter um einige Umdrehungen.
2. Schieben Sie die Sicherungsscheibe zurück und lösen Sie auch die innere Kontermutter.

Oben: Bei jeder Nabenbremse (d.h. Rücktritt, Trommel- oder Scheibenbremse) findet sich an der Ankerplatte ein Arm, der die Gegenkraft am Rahmen auffängt.

3. Drehen Sie den Bremshebelarm (und damit den Konus) im Gegenuhrzeigersinn, um das Lager zu lockern, bzw. im Uhrzeigersinn, um es fester zu ziehen. Ist das rechte Achsende quadratisch, können Sie hier mit dem Schlüssel gegenhalten.
4. Ziehen Sie beide Kontermuttern nacheinander wieder fest an, wobei Sie am Bremsarm bzw. dem quadratischen rechten Achsende kontern.
5. Prüfen Sie das Lagerspiel und wiederholen Sie ggf. die Korrektur.
6. Bauen Sie das Laufrad wieder ein.

Trommelbremsen-Wartung

Trommelbremsen finden sich viel am Vorderrad von Gebrauchsrädern, meist in Verbindung mit einer Rücktrittbremse hinten. Wartungstätigkeiten erstrecken sich auf den Zug (oder ggf. das Gestänge) und das Lager. Nur ganz selten, wenn sie abgenutzt sind, müssen die Beläge gewechselt werden. Zerlegen Sie dann die Bremse und bauen Sie neue Bremsbacken ein. Verölte Bremsbacken lassen sich im Lösungsmittelbad reinigen.

Trommelbremsen-Justierung

Diese geschieht analog zu jeder anderen von Hand bedienten Bremse. Die Zugeinstellschraube wird herausgedreht, wenn die Bremse zu spät faßt, bzw. hineingedreht, wenn die Bremse schleift, ohne daß der Hebel gezogen wäre. Wie bei der Felgenbremse müssen Hebel, Züge, Führungen und Gegenhalter überprüft, gesäubert, gefettet und erforderlichenfalls getauscht werden, wenn alles andere nicht hilft.

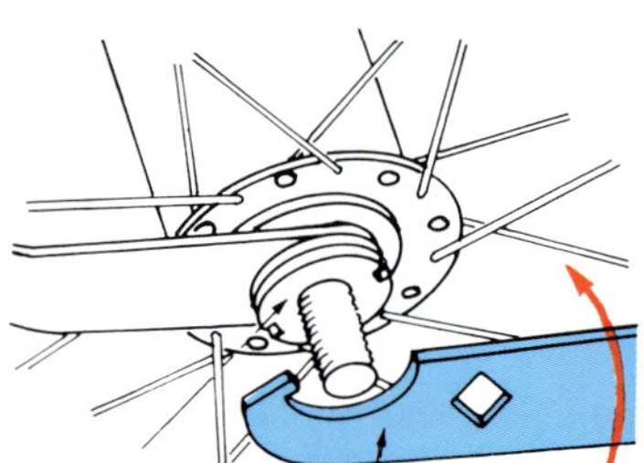

Abb. 5.3
Konventionelle Lager einer Bremsnabe lassen sich mit einem Spezialwerkzeug justieren

Lagerjustierung

Die Voraussetzungen hierfür sind mit denen bei einer normalen Nabe gleich - siehe Kapitel 7. Sie benötigen zwei 15er Schlüssel, davon einen Konusschlüssel. Das Laufrad kann eingebaut bleiben.

Arbeitsschritte:

1. Lösen Sie die bremsarmabgewandte Achsmutter um 3 - 4 Umdrehungen.
2. Lösen Sie die Kontermutter um 1 - 2 Umdrehungen, während Sie am Konus gegenhalten. Heben Sie die Sicherungsscheibe an.
3. Drehen Sie den Konus nach rechts, um das Lager enger zu stellen, oder nach links, um das Lagerspiel zu vergrößern. Stellen Sie das Lager nicht zu eng.
4. Fixieren Sie den Konus und ziehen Sie die Kontermutter an.

Oben: Einstellmechanismus einer typischen Trommelbremse.

5. Drehen Sie die Achsmutter fest. Achten Sie darauf, daß das Laufrad zentrisch steht.
6. Prüfen Sie das Spiel der Nabe; wiederholen Sie ggf. die Justierung.

Trommelbremsen-Instandsetzung

Diese wird erforderlich, wenn das Lager nicht ordnungsgemäß läuft oder die Bremswirkung wegen Verschleißes unzureichend ist und reines Einstellen nicht mehr hilft. Hängen Sie den Bremszug aus und bauen Sie das Rad aus, wozu Sie ggf. auch die Schraube lösen müssen, die den Bremsarm am Rahmen hält.

Zerlegen:

1. Drehen Sie die bremshebelseitige Mutter los. Nehmen Sie Mutter, Zwischenring und Bremsbackenträger ab.
2. Halten Sie auf der bremsarmabgewandten Seite am Konus gegen und drehen Sie dessen Kontermutter los. Nehmen Sie Mutter, Scheibe und Konus ab und ziehen Sie die Achse zur Bremsarmseite hin aus der Nabe.
3. Fangen Sie die Lagerkugeln auf.
4. Hebeln Sie vorsichtig die Staubdichtringe aus den Lagerschalen.

Wartung und Zusammenbau:

1. Reinigen und inspizieren Sie alle Komponenten:
   - Bremsbacken müssen erneuert werden, wenn die Belagstärke 3 mm unterschreitet oder wenn der Belag verölt ist und auch durch Aufrauhen mit Stahlwolle bzw. Auswaschen in Lösungsmittel seine Funktion nicht wieder hergestellt werden kann.
   - Ersetzen Sie die Lagerkugeln und sämtliche Lagerkomponenten, die Schäden aufweisen (Korrosion, Riefung, Kugelschlagmarken).
2. Füllen Sie die Lagerschalen mit Lagerfett und legen Sie die Kugeln ein. Montieren Sie die Staubdichtringe.
3. Die Zapfen, auf denen die Bremsbacken sitzen, und der Bremsnocken, der sie auseinanderdrückt, werden leicht gefettet.
4. Überschüssiges Fett wird sorgfältig entfernt, damit es nicht die Beläge oder die Trommel erreichen kann.
5. Stecken Sie vorsichtig die Achse mit bremsarmseitigem Konus von eben jener Seite her in die Nabe, ohne die Kugeln in ihrer Lage zu verändern.
6. Drehen Sie den Konus auf die Achse und ziehen Sie ihn von Hand an.
7. Stecken Sie die Unterlegscheibe auf die Achse und drehen Sie die Kontermutter auf, während Sie den Konus fixieren, so daß er sich nicht mitdrehen kann.

Unten: Geöffnete Trommelbremse. Zu erkennen sind die Bremsbacken und der Bremsmechanismus.

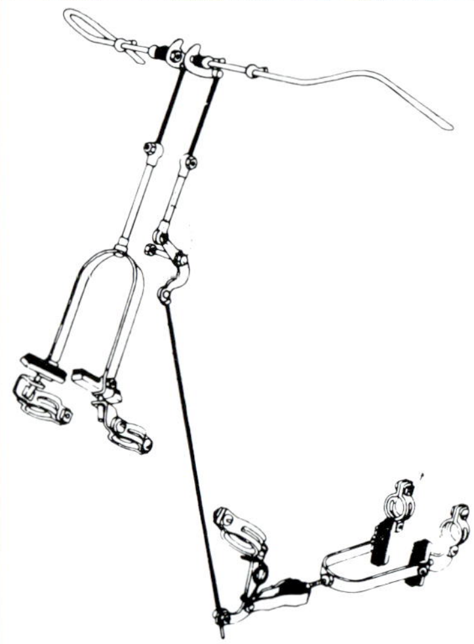

Abb. 5.4
Gestängebremse

8. Stecken Sie den Bremsbakkenträger mit dem kompletten Mechanismus auf die Achse. Bringen Sie Distanzring und Mutter an und ziehen Sie diese fest, wobei Sie an der Kontermutter der gegenüberliegenden Seite gegenhalten.

9. Prüfen Sie das Lagerspiel. Nehmen Sie etwaig erforderliche Korrekturen vor.

10. Bauen Sie das Rad ein und prüfen Sie die Bremse. Stellen Sie erforderlichenfalls den Bremszug neu ein.

Gestängebremsen

Die Gestängebedienung einer Bremse weist geringere Übertragungsverluste auf als Bowdenzüge. Ferner ist ein Gestänge zuverlässiger und weniger wartungsintensiv. Gestängebremsen (dann in Verbindung mit Trommelbremsen) finden sich manchmal an hochwertigen Hollandrädern. Ferner trifft man auf Gestängebremsen an stabilen Gebrauchsrädern, die zumeist von alternativen Fahrradläden aus China, Indien oder Großbritannien importiert werden. Anstatt über Bowdenzüge erfolgt die Kraftübertragung durch Gestänge und Hebel, die die Bremsschuhe radial gegen den Felgenboden ziehen.

Die Einstellung einer Gestängebremse erfolgt in der Regel über eine Rändelmutter am Zugstangenende. Das einzige Verschleißteil einer Gestängebremse stellen die Bremsschuhe dar, die so gewartet werden wie die Bremsschuhe anderer Bremstypen auch. Ansonsten ölen Sie die Gelenkstellen einmal monatlich und überzeugen sich davon, daß alle Befestigungsschrauben fest sitzen. Falls Gestängeteile sich verbogen haben, werden sie gerichtet. Die Gestängebremse hält an sich unbegrenzt lang.

Hydraulik- bzw. Scheibenbremsen

Fahren Sie ein Rad mit Hydraulikbremsen, sind Sie gut beraten, unterwegs immer Material zur Reparatur eines beschädigten Bremsschlauches mitzuführen. Sonst könnten Sie im Fall der Fälle unterwegs Schwierigkeiten bekommen, diese relativ seltenen Teile aufzutreiben. Magura z.B. bietet für die Bremsen dieser Firma ein Paket mit der benötigten Notfallausrüstung an.

Bei nachlassender Wirkung einer Hydraulikbremse überprüfen Sie zunächst die Bremsklötze. Sind diese in Ordnung, entlüften Sie die Bremse nach den Vorschriften des Herstellers.

Halten Sie die Felgen bzw. Bremsscheiben sauber und frei von etwaig ausgetretener Bremsflüssigkeit, da diese die Bremswirkung massiv beeinträchtigt.

Genauso wie auch eine Felgenflanke irgendwann durch das Bremsen durchgeschliffen ist, nutzt sich eine Bremsscheibe ebenfalls ab und ist beim Erreichen der vom Hersteller angegebenen Mindeststärke zu ersetzen.

Bremsscheiben können sich ferner verziehen. Wenn Ihre Scheibenbremse also z.B. nach einem Sturz ungleichmäßige Wirkung entfaltet, sollten Sie die Scheibe auf Seitenschlag überprüfen und entweder, so möglich, richten lassen, oder aber Sie tauschen die Scheibe aus.

Kapitel 6

Antrieb

Die Teile des Antriebsstranges übertragen die Beinkraft des Radlers auf das Hinterrad. Es handelt sich um das Tretlager, die Kurbeln, Kettenblätter und Pedale sowie die Kette und die Freilaufeinrichtung mit den Ritzeln. Schaltwerk und Umwerfer, die von manchen auch als Komponenten des Antriebsstranges angesehen werden, wurden bereits in Kapitel 4 behandelt.

Tretkurbeln

Tretkurbeln bestehen heute fast ausnahmslos aus Alu. Sie sitzen auf angeschrägten Vierkantenden der Tretlagerachse bzw. bei sehr hochwertigen Rädern auch mit Vielzahnprofilen auf den entsprechend geformten Achsstummeln. Im Gegensatz zu den früheren Kurbelkeilen werden die Kurbeln mit Schrauben auf der Achse gesichert oder manchmal auch mittels Stehbolzen und Mutter. Tretlager ohne Stehbolzen sind gemeinhin hochwertiger als jene mit Stehbolzen. Achten Sie hierauf, wenn Sie Ihr Tretlager ohnehin austauschen.

Mutter oder Schraube werden mit einer Staubkappe abgedeckt, die das Kurbelgewinde vor Schmutz schützt. Das Kurbelgewinde dient zum Abnehmen der Kurbel zu Wartungszwecken mittels eines Kurbelabziehers. An der rechten Kurbel findet sich ein Kurbelstern, an den die Kettenblätter geschraubt werden.

Der Kurbelabzieher besteht aus zwei Teilen, die auch untrennbar miteinander verbunden sein können: dem eigentlichen Abnehmer sowie dem Schlüssel für das Lösen der Kurbelschraube. Es gibt Kurbelschrauben mit

Oben: Die Tretlagergarnitur ist das Zentrum des Antriebsstranges eines Fahrrades. Das gezeigte Modell - Campagnolo Chorus - ist repräsentativ für Tretlagergarnituren hochwertiger Rennräder.

Unten links: Die Tretkurbel wird mit einer Schraube auf dem angeschrägten Vierkantende der Tretlagerachse gehalten.

Unten rechts: Der Antriebsstrang eines Rennrades mit 16 Gängen.

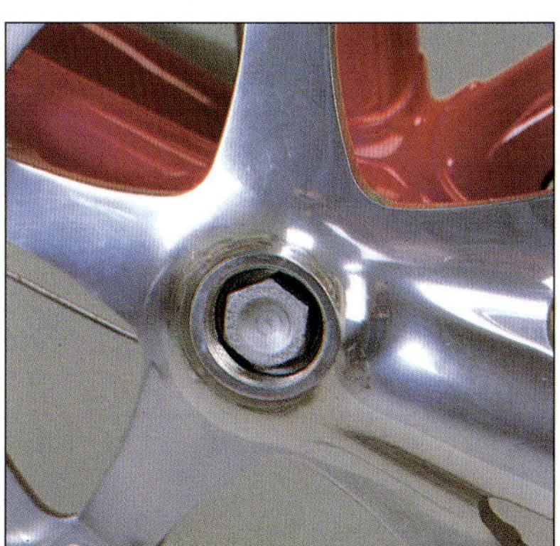

14-, 15- oder 16-mm-Maß. 15 mm sind die normale Größe. Bei billigeren Rädern finden sich 14-mm-Schrauben. Mindestens ein Hersteller (TA) verwendet 16 mm. Der Kurbelabzieher wird in das Gewinde geschraubt, das sich in der Bohrung der Kurbel findet. Wird der Abzieher angezogen, drückt er die Kurbel von der Tretlagerachse. Bei den meisten Rädern findet sich ein 22-mm-Kurbelgewinde. Bei TA-Kurbeln beträgt das Gewindemaß 23 mm, so daß ein spezieller TA-Abzieher benötigt wird.

Manche Campa- und ältere Shimano-Kurbeln verwenden keine konventionellen Kurbelschrauben. Man benötigt lediglich einen Inbusschlüssel (Campa: 7 mm, Shimano: 6 mm), um die Kurbel abzunehmen. Bei diesem System dürfen Sie niemals versuchen, den Einsatz aus der Kurbel zu entfernen. Wenn er sich von selbst lockert, nehmen Sie ihn heraus, reinigen das Schraubgewinde und kleben ihn mit Loctite Blue, das ein erneutes Losdrehen unterbindet, wieder ein.

Bei einem neuen Fahrrad sollten die Kurbeln auf den ersten 200 km alle 40 km nachgezogen werden. Das ursprünglich weiche Alu der Kurbeln verformt sich, so daß sich ihre Verbindung zur Achse und damit die Kurbeln selbst lockern. Daher sollten Sie den Schlüssel für die Kurbelschrauben unterwegs mitführen. Ansonsten werden die Kurbeln nur abgenommen, wenn sie Schaden genommen haben oder das Tretlager gewartet werden muß.

Im Gelände kann es durchaus vorkommen, daß sich beim Sturz eine Kurbel verbiegt. Anstatt diese sofort zu ersetzen, sollten Sie einen Fahrradmechaniker um den Versuch bitten, sie zu richten. Dies erfordert Spezialwerkzeug, dessen Anschaffung kaum lohnt.

Oben: Überprüfung von Kurbeln und Tretlager.

Unten: Zum Abnehmen der Kurbel wird als erstes die Kurbelschraube gelöst.

Seite 65:
Oben: Die Kurbel wird mittels des Kurbelabziehers abgenommen.

Unten: Die Kurbel sitzt mit ihrem Vierkantansatz auf der Achse.

Tretkurbel-Montage

Sie müssen die Tretkurbeln nicht nur abnehmen, um sie zu ersetzen. Auch viele Tretlagerarbeiten erfordern die Demontage der Kurbeln.

Werkzeug und Ausrüstung:

4- bis 7-mm-Inbusschlüssel	Stirnlochschlüssel, einstellbar
Kurbelabzieher	Schlüssel für Kurbelschraube
Lappen	Fett

Ausbau:

1. Entfernen Sie die Staubkappe. Dies geschieht je nach Modell mit einer Münze, einem Inbusschlüssel oder einem Stirnlochschlüssel. Einige neuere Shimano-Modelle haben Inbus-Kurbelschrauben mit flexibler Dichtscheibe, so daß die Staubkappe entfällt.
2. Halten Sie die Kurbel gut fest und drehen Sie mit dem Steckschlüsselteil des Kurbelabnehmers die Kurbelschraube heraus bzw. die Mutter ab.
3. Wichtig! Entfernen Sie die Unterlegscheibe, die unter Schraube bzw. Mutter sitzt. Wenn dies vergessen wird, kann die Kurbel nicht abgezogen werden, sondern nimmt bei dem entsprechenden Versuch Schaden.

4. Schrauben Sie den Einsatz des Abziehers maximal weit zurück.
5. Fetten Sie das Außengewinde des Abziehers und drehen Sie es möglichst weit, mindestens jedoch drei Umdrehungen in das Kurbelgewinde.
6. Halten Sie die Kurbel mit einer Hand zum Kontern fest und schrauben Sie mit der anderen Hand den Einsatz des Abziehers mittels des Abziehergriffes bzw. bei manchen Modellen mittels eines Schraubenschlüssels hinein, bis die Kurbel sich löst.
7. Schrauben Sie den Abzieher aus der Kurbel.

Einbau:

1. Reinigen Sie das Achsende und den Vierkantansatz der Kurbel. Fetten Sie beides leicht.
2. Schieben Sie die Kurbel auf die Achse. Die Kurbeln müssen um 180 Grad zueinander versetzt stehen, und das Kettenblatt gehört nach rechts!
3. Setzen Sie die Unterlegscheibe ein.
4. Drehen Sie Kurbelschraube bzw. Mutter ein und ziehen Sie sie gut an. Setzen Sie die Staubkappe ein.
5. Nach 40 km wird die Kurbelschraube nachgezogen.

Anmerkung:
Bei billigeren Rädern findet man immer noch Kurbeln mit Kurbelkeil (Abbildung links). Lockert sich die Kurbel, wird der Keil nachgeschlagen und seine Mutter angezogen. Zum Austausch der Kurbel nehmen Sie die Mutter ab und schlagen den Keil heraus. Wann immer Sie am Keil hämmern, müssen Sie die Kurbel auf einer festen Unterlage abstützen. Nehmen Sie den alten Keil als Muster mit, wenn Sie Ersatz beschaffen, damit die Größe stimmt.

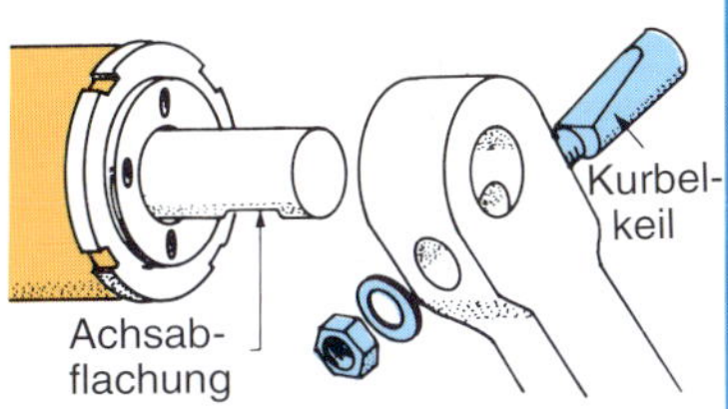

Abb. 6.1
Kurbelbefestigung mit Keil

Tretlager

Das Tretlager ist das Herz des Antriebsstranges. Es sitzt in der Tretlagermuffe und besteht aus der Achse, auf der die Kurbeln sitzen, und den Kugellagern, damit sich die Achse leicht drehen kann. Konventionelle Lager sind einstellbar, während Rillenkugellager nicht justiert werden können. Bei einigen wenigen Modellen ist immerhin zur Optimierung der Kettenlinie der seitliche Sitz beeinflußbar.

Wird ein Rillenkugellager schwergängig, muß es ausgewechselt werden, dito sobald es Spiel entwickelt. Nur bei wenigen Modellen kommt man ohne Spezialwerkzeug aus. In der Regel müssen Sie das Rad also in die Werkstatt geben, um das Lager tauschen zu lassen.

Tretlager-Justierung

Sie ist erforderlich, wenn das Lager schwer geht oder Spiel aufweist.

Werkzeug und Ausrüstung: Tretlagerschlüssel (spezielle Schlüssel für Konterringe und Lagerschalen)

***Oben:** Los- bzw. Andrehen des Konterringes.*

***Mitte:** Abgenommener Konterring.*

***Unten:** Nach dem Abnehmen der linken Schale kann die Achse herausgezogen werden.*

Arbeitsschritte:

1. Nehmen Sie die linke Kurbel ab. Dies ist nicht erforderlich, wenn die linke Lagerschale über parallele Abflachungen zum Ansatz eines Gabelschlüssels verfügt.
2. Drehen Sie den linken Konterring um eine halbe Umdrehung los.
3. Drehen Sie die Lagerschale um eine Viertelumdrehung heraus, wenn das Lager zu stramm lief, bzw. hinein, wenn das Lager Spiel aufwies.
4. Fixieren Sie die Lagerschale mit dem Schlüssel, während Sie den Konterring wieder anziehen. Erforderlichenfalls wiederholen Sie den Vorgang.

Anmerkungen:

- Tretlagerspiel wird am einfachsten erkannt, wenn man die Kurbeln nicht abnimmt, sondern diese als Hebel benutzt und sie seitlich hin- und herzubewegen versucht.
- Zum Test des Lagers auf Schwergängigkeit sollte man die Kurbeln, mindestens aber die Kette abnehmen.
- Evtl. kann man die Stifte des Stirnlochschlüssels für die Lagerschale so weit kürzen, daß der Schlüssel zwischen Kurbel und Schale paßt.

Tretlager-Wartung

Dieser Abschnitt bezieht sich nur auf BSA-Lager. Rillenkugellager variieren von Modell zu Modell. In der Regel wird Spezialwerkzeug benötigt. Überlassen Sie die Arbeit der Werkstatt.

Werkzeug und Ausrüstung:

Kurbelschraubenschlüssel
Kurbelabzieher
Tretlagerschlüssel
Lappen
Lösungsmittel
Lagerfett

Zerlegen:

1. Nehmen Sie die Kurbeln ab.
2. Nehmen Sie den linken Konterring ab.
3. Drehen Sie die linke Lagerschale mit dem Stirnlochschlüssel (bzw. einem flachen Gabelschlüssel bei älteren Modellen) heraus. Fangen Sie freiwerdende Lagerkugeln auf. Diese sitzen jedoch meist in einem Käfig.
4. Ziehen Sie die Achse heraus.

Wartung:

1. Reinigen Sie alle Teile und kontrollieren Sie sie auf Korrosion und Verschleiß-Kerbungen oder Kraterung.
2. Falls ernste Schäden oder Verschleiß vorhanden sind, überprüfen Sie auch die rechte Lagerschale, die an-

Oben: Füllen Sie die Lagerschalen mit Lagerfett und plazieren Sie die Kugeln in das Fett.

Mitte: Nachdem die rechte Lagerschale montiert ist, wird die Achse von links eingesetzt.

Unten: Rillenkugellager werden meist als komplette Einheit eingebaut.

sonsten im Rad verbleibt. Außer bei einigen französischen und italienischen Rädern hat die rechte Schale Linksgewinde.

3. Beschädigte, verschlissene oder korrodierte Teile nehmen Sie mit ins Geschäft, um genau passenden Ersatz zu kaufen.

Einbau:

1. Füllen Sie die beiden gereinigten Schalen mit Lagerfett.
2. Setzen Sie ggf. die rechte Schale wieder ein (Linksgewinde).
3. Setzen Sie die Kugeln mit oder ohne Käfig in das Fett in den Schalen. Ein Käfig ist so einzusetzen, daß nicht er, sondern nur die Kugeln die Schale berühren.
4. Setzen Sie von links die Achse ein. Ggf. zeigt das längere Ende nach rechts.
5. Drehen Sie die linke Schale (mit eingesetzten Kugeln) in die Lagermuffe.
6. Drehen Sie den Konterring auf.
7. Stellen Sie das Lager wie zuvor beschrieben ein, bis es leicht, aber spielfrei läuft.

Kettenblätter

Es gibt verschiedene Methoden, die Kettenblätter am Stern der rechten Kurbel eines Rades mit Kettenschaltung zu montieren. Die Schrauben, die die Blätter miteinander bzw. mit dem Stern verbinden, sollten Sie monatlich auf festen Sitz prüfen.

Meist werden die Blätter mit 5-mm-Inbusschrauben gehalten. Bei manchen Typen finden sich Gegenmuttern mit Schlitz für einen Schraubendreher oder ein gegabeltes Spezialwerkzeug.

Verschlissene Blätter sorgen für höheren Tretwiderstand und schlechtes Schaltverhalten. Ersetzen Sie Blätter, die verschlissen sind oder beschädigte Zähne aufweisen.

Ein verbogener Zahn läßt sich manchmal wieder geradebiegen. Ein verzogenes Kettenblatt läßt sich richten, indem ein Holzkeil zwischen Kettenstrebe und Blatt bzw. zwischen zwei sich zu nahe kommende Blätter geschoben wird. Am einfachsten ist es somit, Blätter im eingebauten Zustand zu richten.

Kettenblatt-Montage

Kettenblätter werden gewechselt, weil sie verschlissen sind oder Sie auf eine andere Übersetzung übergehen wollen. Nehmen Sie die Kurbel ab und lösen Sie die Inbusschrauben. Kettenblätter sind nicht seitensymmetrisch. Orientieren Sie sich beim Anbau an der ursprünglichen Seitenlage. Shimano-Superglide- und ovale Blätter, wie die heute sehr selten gewordenen

Bio-Pace-Blätter, weisen eine Markierung auf, die an der Kurbel zu sitzen hat, damit das Kettenblatt korrekt ausgerichtet ist.

Pedale

Die rechte Pedalachse hat Rechts-, die linke Linksgewinde. In der Regel findet sich eine entsprechende Markierung (R bzw. L). Ansonsten müssen Sie sich vor dem Einbau das Gewinde ansehen.

Beim Pedal können folgende Arbeiten anfallen: Austauschen, Lager einstellen, Lager warten. Es gibt verschiedene Arten von Pedalhaken, die am Pedal angebracht werden können, aber hakenlose Pedale mit Sicherheitsbindung sind derzeit stark im Vormarsch begriffen.

Oben/Mitte: Kettenblätter und Kurbelstern werden in der Regel mit 5-mm-Inbusschrauben verbunden.

Unten: MTB-Pedal mit SPD-Bindung. Bei den meisten SPD-Pedalen läßt sich die Auslösehärte einstellen.

Pedal-Montage

Pedale müssen oft auch zum Transport des Rades zum Beispiel in Flugzeug oder Bus abgenommen werden. Es gibt beim An- und Abmontieren keinen Unterschied zwischen Pedalen mit Sicherheitsbindung und solchen ohne.

Werkzeug und Ausrüstung:
6-mm-Inbus- oder Pedalschlüssel
Montagepaste oder Fett

Abnehmen:

1. Nehmen Sie den Rahmen zwischen die Beine und setzen Sie einen Fuß auf ein Pedal, um die Kurbeln zu fixieren. Setzen Sie den Pedalschlüssel an und lösen Sie beide Pedale um eine halbe Umdrehung. Denken Sie beim linken Pedal an das Linksgewinde!
2. Schrauben Sie beide Pedale vollständig ab. Manche Pedale haben einen Inbusansatz in der Achsstirnfläche. Zum Abschrauben des Pedals kann dies praktisch sein, doch zum Lösen reicht oft die Hebelwirkung des Inbus nicht aus.

Anbauen:

1. Reinigen und fetten Sie Kurbel- und Pedalgewinde.
2. Setzen Sie das Pedal sorgfältig an und drehen Sie es zunächst von Hand und erst dann mit dem Schlüssel ein. Denken Sie an die Gewinderichtung.

Anmerkung:
Wenn Sie Ihre Pedale häufig abnehmen, sollten Sie eine dünne Stahlunterlegscheibe (ebenfalls gefettet) zwischen Kurbel und den Absatz hinter dem Pedalachsgewinde plazieren. Dies schützt Kurbel und Gewinde; das Pedal läßt sich viel leichter lösen und anziehen.

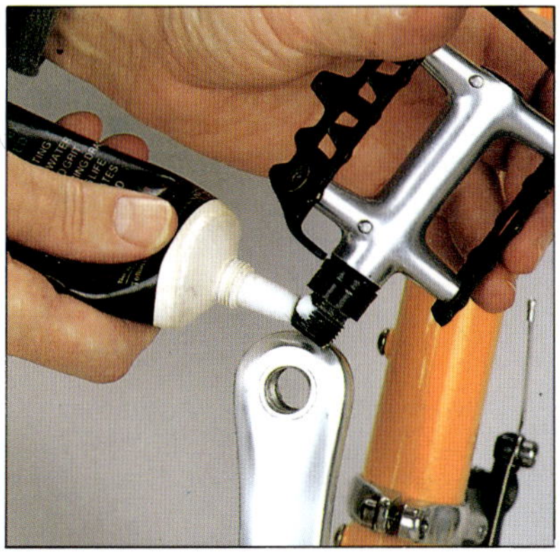

Oben: Reinigen und fetten Sie das Pedalachsgewinde. Jedes Stahlteil, das in Alu geschraubt wird, muß mit Montagepaste geschmiert werden.

Mitte: Offengelegtes Pedallager. Das außen liegende Lager hat einen kleineren Durchmesser als das kurbelseitige.

Unten: Konventionelles Pedal mit zerlegtem Lager.

Pedallager-Justierung

Diese läßt sich nur durchführen, wenn die Lager auch einstellbar sind. Es gibt auch Pedale mit Rillenkugellager, die sich nicht einstellen lassen, sondern von der Werkstatt ausgetauscht werden müssen, sobald sie Spiel entwickeln oder schwergängig werden.

Werkzeug und Ausrüstung:
kleiner Schraubendreher, Sprengringzange, Stirnlochschlüssel, 8- bis 10-mm-Steckschlüssel oder 4- bis 6-mm-Inbuschlüssel, Fett

Arbeitsschritte:

1. Entfernen Sie die Staubkappe.
2. Lösen Sie die Kontermutter um eine Umdrehung.
3. Hebeln Sie mit dem Schraubendreher die Nasenscheibe unter der Mutter los.
4. Ebenfalls mit der Schraubendreherklinge verdrehen Sie den Konus um eine halbe Umdrehung (nach rechts, wenn das Lager zu lose, nach links, wenn es zu stramm lief).
5. Fixieren Sie den Konus mit dem Schraubendreher und ziehen Sie die Kontermutter an. Füllen Sie Fett nach, wenn das Lager trocken lief.
6. Kontrollieren Sie das Ergebnis und wiederholen Sie ggf. die Prozedur, bis das Lager spielfrei, aber nicht schwergängig läuft.
7. Setzen Sie die Staubkappe auf.

Pedal-Wartung

Diese Tätigkeit steht an, wenn bei einem Pedal mit einstellbarem Lager Justieren nicht geholfen hat. Häufig ist dann die Achse verbogen. Falls Ihr Händler Ersatzteile nicht liefern kann, müssen Sie evtl. beide Pedale ersetzen.

Die Wartung von Pedalen mit Rillenkugellagern besprechen wir auf der folgenden Seite im Abschnitt Sicherheitspedale.

Werkzeug und Ausrüstung:
Sprengringzange, Stirnlochschlüssel oder 4- bis 6-mm-Inbusschlüssel
8- bis 10-mm-Steckschlüssel
kleiner Schraubendreher
Fett
Lappen

Zerlegen:

1. Entfernen Sie die Staubkappe mit dem hierfür geeigneten Werkzeug.
2. Lösen und entfernen Sie die Kontermutter.
3. Hebeln Sie die Nasenscheibe, die unter der Mutter sitzt, los und schütteln Sie sie aus dem Pedal heraus.

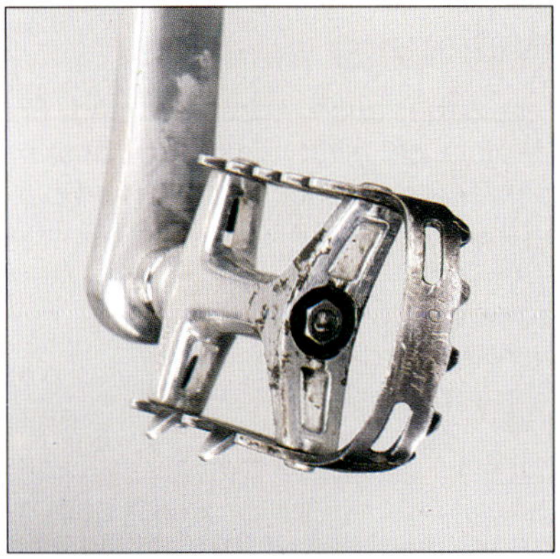

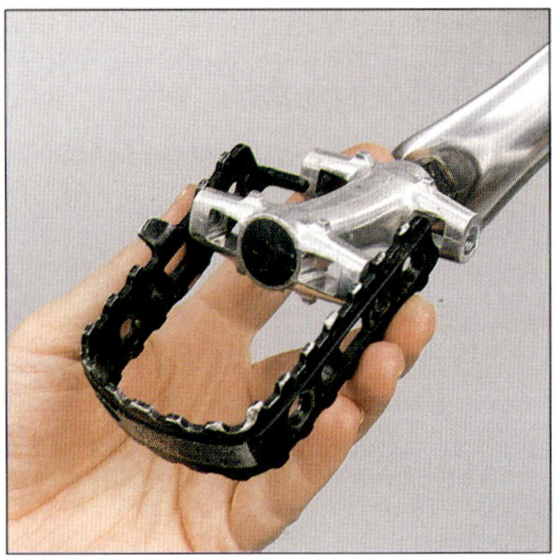

Oben: ***Fahren Sie niemals ohne aufgesetzte Staubkappe. Staub und Dreck ruinieren sonst schnell das Lager.***

Mitte: ***Bei manchen Pedalen läßt sich der Pedalrahmen separat austauschen, ohne daß das Pedal zerlegt werden muß.***

Unten: ***SPD-Straßenrennpedal - komplexe Technik im Kompaktformat.***

4. Drehen Sie den Konus mit dem Schraubendreher im Gegenuhrzeigersinn heraus. Fangen Sie die freiwerdenden Kugeln mit einem unter das Pedal gelegten Tuch auf.
5. Ziehen Sie den Pedalkörper von der Achse. Dabei werden die Kugeln des kurbelseitigen Lagers frei. Fangen Sie alle auf und zählen Sie sie. Sie sind sehr klein und gehen leicht verloren.

Wartung:

1. Reinigen und inspizieren Sie alle Lagerflächen und die Pedalachse.
2. Ersetzen Sie alle Teile, die beschädigt oder korrodiert sind bzw. Kerb- oder Kraterspuren aufweisen. Tauschen Sie eine etwaig verbogene Achse aus - oder das ganze Pedal, wenn Ersatzteile nicht lieferbar sind.
3. Bei der Beschaffung von Ersatzteilen nehmen Sie die alten Teile als Muster mit.

Zusammenbau:

1. Füllen Sie beide Lagerschalen mit Fett. Setzen Sie die Kugeln in das Fett - immer eine weniger, als maximal hineinpassen könnten; die Kugeln müssen etwas Bewegungsspielraum haben.
2. Schieben Sie die Achse in den Pedalkörper, so daß das Pedalgewinde sich auf der vom Staubkappensitz abgewandten Seite befindet.
3. Vergewissern Sie sich, daß hierbei keine Kugeln herausgefallen sind. Schrauben Sie den Konus auf die Achse.
4. Plazieren Sie die Nasenscheibe über den Konus, mit ihrer Nase in der Rille der Pedalachse.
5. Bringen Sie die Kontermutter an. Fixieren Sie hierbei den Konus.
6. Justieren Sie ggf. das Lagerspiel, wie zuvor beschrieben.
7. Setzen Sie die Staubkappe auf.

Sicherheitspedale

Hakenlose Pedale mit Sicherheitsbindung sind in den letzten Jahren sehr populär geworden. Es gibt Modelle für Rennräder und MTBs. Fast alle weisen Rillenkugellager auf. Die wichtigste Wartungsmaßnahme besteht in der Reinigung der Pedale mit Wasser und einem feinen Pinsel. Sicherheitspedale werden wie normale Pedale an- und abgebaut. Um das Lager zu schmieren oder zu ersetzen, wird es mit dem herstellerspezifischen Werkzeug ausgebaut. Füllen Sie das Lager mit Fett oder ersetzen Sie es. Wenn Sie beim Einbau Schwierigkeiten haben, konsultieren Sie eine Werkstatt.

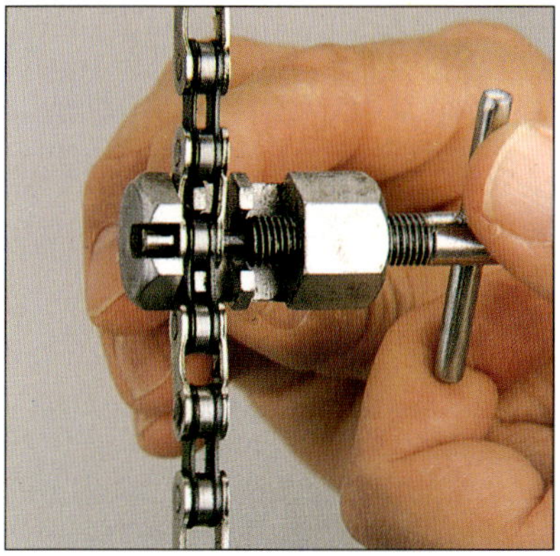

Oben: Zum Öffnen der Kette wird ein beliebiger Niet mit dem Nietendrücker fast - aber nicht ganz - herausgedrückt. Dies gilt nicht für Shimano-Ketten (siehe S. 72), für die im übrigen auch ein mit Ketten dieses Herstellers kompatibler Nietendrücker erforderlich ist.

Kette

Jedes Rad mit Kettenschaltung, egal ob Rennrad oder MTB, weist eine 3/32x1/2-Zoll-Kette ohne spezielles Kettenschloß auf. Bei Rädern mit Nabenschaltung oder völlig ohne Schaltung findet sich die breitere 1/8x1/2-Zoll-Kette, die mit einem Kettenschloß zusammengefügt wird. Im Geländeeinsatz hält eine Kette etwa sechs Monate - oder weniger, wenn Sie viel in Sand und Schlamm unterwegs sind.

Reinigen und schmieren Sie die Kette, wie in Kapitel 3 beschrieben, wobei das Intervall von Wetter- und Geländebedingungen abhängt. Ab und zu nehmen Sie die Kette ganz ab und baden sie in Lösungsmittel mit fünf- bis zehnprozentigem Motorölzusatz. Schmieren Sie die Kette anschließend gründlich. Aufziehen und Abnehmen der Kette werden nachfolgend beschrieben.

Schaltschwierigkeiten nach einem Sturz liegen manchmal an einer verdrehten Kette, wenn das Schaltwerk verschoben wurde und die Kette dabei verklemmte. Prüfen Sie ggf. die Kette und ersetzen Sie sie, wenn sie verdreht ist.

Achten Sie beim Kauf einer Kette darauf, daß Sieben-, Acht- und Neunfachkränze eine schmale bzw. superschmale Kette erfordern. Nach meinen Erfahrungen muß aber bei einer Shimano-Schaltung die Kette nicht unbedingt von diesem Hersteller stammen. Auch Ketten anderer Marken laufen gut.

Ketten-Montage

Wenn sie ersetzt oder gründlich gereinigt werden soll, muß die Kette abgenommen werden. Einige Verrichtungen am Schaltwerk lassen sich ebenfalls bei geöffneter Kette am leichtesten ausführen. Die Hyperglide-Kette von Shimano, die auf die besondere Zahnform von Kettenblättern und Ritzeln dieses Herstellers abgestimmt ist, bedarf besonderer Behandlung. Wir kommen hierauf noch zurück.

Werkzeug und Ausrüstung:

Lappen

Kettennietdrücker

Unten: Dieses spezielle Kettenreinigungsgerät dient zum Säubern und Schmieren der Kette. Sie können die Kette aber auch abnehmen, sie in Petroleum baden und anschließend mit Kettenöl schmieren.

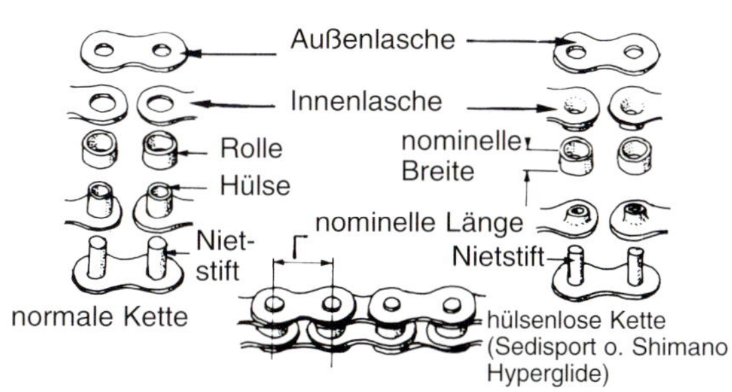

Abb. 6.2 - Kettenvarianten

Öffnen und abnehmen:

1. Heben Sie das Hinterrad an. Drehen Sie die Pedale vorwärts und schalten Sie die Kette auf das kleinste Kettenblatt und ein kleines Ritzel.
2. Schrauben Sie den Dorn des Nietendrückers so weit wie möglich zurück. Legen Sie eines der Kettenglieder so in den vom Dorn weitest entfernten Schlitz des Nietendrückers, daß dessen Dorn auf den Niet weist.
3. Drehen Sie den Dorn gegen den Niet. Sobald der Dorn fest anliegt, fahren Sie ihn noch 6 Umdrehungen weiter vor.
4. Fahren Sie den Dorn zurück, bis sich die Kette aus dem Werkzeug entnehmen läßt.
5. Versuchen Sie, die Kette durch leichtes Biegen zu öffnen. Gelingt dies nicht, drükken Sie den Niet noch eine Umdrehung weiter heraus. Drücken Sie den Niet nicht ganz heraus! Passiert dies doch, muß das betroffene Doppelglied des Kettenendes durch ein entsprechendes Stück Kette des gleichen Typs ersetzt werden.

Oben: Nachdem der Niet herausgeschoben wurde, kann die Kette vorsichtig gebogen werden, damit das Kettenglied aufschnappt.

Unten: Bei Hyperglide-Ketten von Shimano muß das Ende des Spezialnietes, mit dem die Kette geschlossen wurde, anschließend mit der Zange abgebrochen werden - sonst würde es sich im Schaltwerk verfangen.

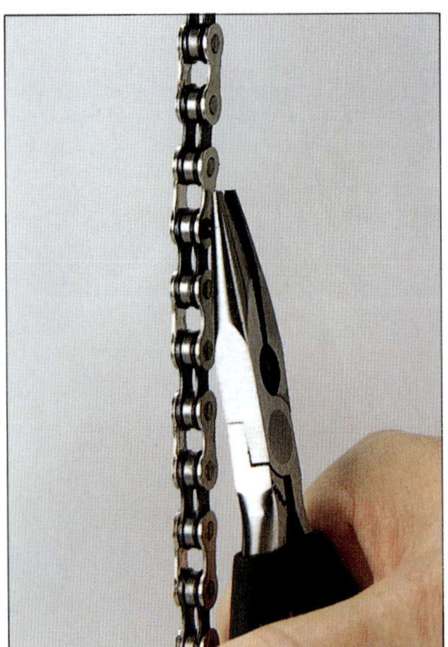

Aufziehen:

1. Die Schalthebel müssen sich in der Stellung für kleinstes Blatt und eines der kleinsten Ritzel befinden.
2. Führen Sie die Kette durch Umwerfer und Schaltwerk und legen Sie sie auf Kettenblatt und Ritzel auf.
3. Wenn Sie die Kettenenden aneinanderhalten, sollte das Schaltwerk zumindest etwas Zug auf die Kette ausüben.
4. Ist die Kette zu lang, nehmen Sie immer je ein Doppelglied ab und heben dies als Reserve für später auf.
5. Setzen Sie den Nietendrücker auf der Seite der Kette an, wo der Niet heraussteht. Drücken Sie den Niet in die Kette, bis er seitensymmetrisch steht.
6. Biegen Sie die Kette an der betroffenen Stelle einige Male hin und her, bis das bearbeitete Glied wieder genauso leichtgängig ist wie die übrigen Glieder. Funktioniert dies nicht, kommt die Kette in die dem Dorn nächstliegende Aufnahme des Nietendrükkers. Fahren Sie den Dorn etwas gegen den Niet, bis das Kettenglied freigängig ist.

Anmerkung:
Hyperglide-Ketten
Die Kette wird mit einem Niet geschlossen, der etwas stärker im Durchmesser als die übrigen ist. Er ist leicht zu erkennen, da er als einziger schwarz und nicht silbrig ist. Zum Öffnen darf nicht dieser schwarze, sondern muß ein beliebiger anderer Niet ganz herausgedrückt und entfernt werden. Geschlossen wird die Kette dann wieder mit einem langen, schwarzen Niet, der der Kette beiliegt oder separat erhältlich ist. Nach dem Hineindrücken des Nietes wird dessen vorstehendes Ende mit der Zange abgebrochen und die Bruchstelle glattgefeilt, bevor Sie die Pedale das erste Mal bewegen.

Oben: *Die ideale Kettenlinie verläuft exakt parallel zur Mittelebene des Rahmens.*

Unten: *Moderne Kassettennabe. Die Freilaufeinheit enthält auch das rechte Achslager.*

Anmerkung: Kettenschloß

Bei einem Rad ohne Kettenschaltung ist die Kette breiter. Sie muß so aufgezogen werden, daß der geschlossene Teil des Federclips, mit dem das Kettenschloß geschlossen wird, in Fahrtrichtung läuft. Der Federclip wird zum Öffnen an seinem geteilten Ende mit dem Schraubendreher vorsichtig gespreizt und abgehebelt. Die Kette muß so gespannt sein, daß sie sich in der Mitte des Trums etwa 2 cm nach oben oder unten drükken läßt. Wählen Sie die Kettenlänge entsprechend und nehmen Sie eine Feineinstellung durch Vor- oder Zurückschieben des Hinterrades im Ausfallende vor.

Kettenlinie

Im Idealfall läuft die Kette parallel zur Rahmenlängsachse. Bei kettengeschalteten Rädern soll daher das mittlere von drei Kettenblättern, bzw. bei nur zwei Blättern die Mittelebene zwischen ihnen, der Mitte des Freilaufes gegenüberstehen. Eventuell bietet das Tretlager die Möglichkeit, es seitlich zu versetzen. Beim Rad ohne Kettenschaltung können Sie auf ein weniger oder stärker gekröpftes Ritzel übergehen. Verzogene Rahmen beeinflussen ebenfalls die Kettenlinie. Hier hilft Richten des Rahmens.

Freilauf

Zumeist wird der Freilauf auf die Nabe geschraubt und trägt 6 oder 7 Ritzel. Kassettensysteme, wie die Shimano-Freehub, erfreuen sich jedoch zunehmender Beliebtheit. Bei diesen Modellen ist der Freilauf in eine Kassette integriert, die an der Nabe mit einer langen Hohlschraube mit Inbuskopf befestigt wird. Die Ritzel werden auf Metallrippen gesteckt und geführt. Entweder ist das kleinste Ritzel schraubbar und sichert die übrigen, oder ein separater Schraubring sichert sämtliche Ritzel.

Das Innenleben eines Freilaufes werde ich hier nicht besprechen. Fällt Ihr Freilauf aus, kaufen Sie einen neuen (bzw. bei einer Kassettennabe eine neue Kassette). Dagegen ist wichtig zu wissen, wie der Mechanismus geschmiert wird, wie die Ritzel gewechselt werden und wie Freilauf bzw. Kassette an- und abgebaut werden. Damit beschäftigen wir uns jetzt.

Freilauf-Schmierung

Läuft der Freilauf rauh, ist aber noch nicht so alt, daß ein Austausch angezeigt wäre, wird er geschmiert, mindestens aber einmal pro Jahr. Bei der Kassettennabe werden zunächst Achse und Achslager ausgebaut (links beginnend). Anschließend bedienen Sie sich eines Spezialwerkzeuges (Freehub Buddy), das in das Ende des Kassettenkörpers geschraubt wird.

Oben: Zum Abnehmen des Schraubkranzes wird ein Freilaufabnehmer in das Innenprofil der Freilaufstirnfläche gesteckt.

Unten: Bei vielen Kassettennaben wird ein dem Freilaufabnehmer ähnliches Werkzeug verwendet, um in Verbindung mit einem Kettenhebel den Sicherungsring zu lösen, der die Ritzel auf der Nabe hält.

Werkzeug und Ausrüstung:
Öl, SAE 40 oder dickflüssiger
Bürste
Blech- oder Plastikdose
Lappen

Arbeitsschritte:

1. Bauen Sie das Hinterrad nach Möglichkeit aus. Mit Bürste oder Lappen reinigen Sie die Ritzel und die Zwischenräume zwischen ihnen sowie die sichtbaren Flächen des Freilaufkörpers.
2. Weist der Freilauf eine Ölbohrung auf, geben Sie Öl hinein, bis es auf der anderen Seite wieder austritt.
3. Fehlt eine Ölbohrung, legen Sie das Rad horizontal mit der linken Nabenseite auf eine Dose zum Auffangen überschüssigen Öles. Während Sie den Freilauf im Gegenuhrzeigersinn drehen, träufeln Sie Öl in den Schlitz zwischen festem und drehendem Teil des Freilaufes, bis auf der anderen Seite sauberes Öl austritt.
4. Wenn alles Überschußöl in die Dose getropft ist, wischen Sie Nabe und Freilauf trocken.

Freilauf-Montage: Schraubkranz

Ist beim ausgebauten Hinterrad in der Freilaufstirnfläche ein Rippen- oder Nasenprofil für einen Freilaufabnehmer sichtbar, können Sie davon ausgehen, daß es sich um einen Schraubkranz und nicht etwa um eine Kassettennabe handelt.

Werkzeug und Ausrüstung:
Freilaufabnehmer
evtl. Schraubstock
(einstellbarer) Schraubenschlüssel
Fett

Abnehmen:

1. Bauen Sie das Hinterrad aus.
2. Entfernen Sie den Schnellspanner oder die rechte Achsmutter und ihre Unterlegscheibe.
3. Setzen Sie den passenden Freilaufabnehmer in das Innenprofil des Freilaufes.
4. Bringen Sie Schnellspanner oder rechte Achsmutter mit 2 mm Spielraum zum Abnehmer an.
5. Spannen Sie den Sechskantansatz des Abnehmers in einen Schraubstock. Oder setzen Sie an ihm einen Schraubenschlüssel an, während Sie das Rad gut festhalten (z. B. in den Winkel zwischen Wand und Fußboden drücken). Bei SunTour-Abnehmern müssen Sie darauf achtgeben, nicht die empfindlichen Abnehmernasen zu beschädigen.
6. Drehen Sie Schraubenschlüssel oder das im Schraubstock gehaltene Rad mit Kraft etwa um eine Umdrehung im Gegenuhrzeigersinn, bis der Abnehmer an Schnellspanner oder Mutter anliegt.

7. Lösen Sie Schnellspanner oder Mutter etwas und wiederholen Sie den Vorgang, bis sich der Freilauf schließlich mittels des Abnehmers von Hand abschrauben läßt.

Montieren:

1. Reinigen und fetten Sie die Gewinde von Nabe und Freilauf, damit diese nicht festfressen und so der nächste Ausbau nicht erschwert wird.
2. Legen Sie das Rad flach hin, Nabengewinde nach oben.
3. Setzen Sie den Freilauf sorgfältig an und drehen Sie ihn im Uhrzeigersinn mit der Hand fest, so weit es geht.
4. Bauen Sie das Rad ein und fahren Sie los - die ersten Kurbelumdrehungen ziehen den Freilauf automatisch richtig fest.

Freilauf-Montage: Kassette

Läßt sich am ausgebauten Hinterrad ein Aufnahmeprofil für den Freilaufabnehmer nicht erkennen, handelt es sich wahrscheinlich um einen Kassettenfreilauf, der innen mit einer Inbusschraube an der Nabe befestigt wird.

Oben und unten: Zum Zerlegen der Kassette wird der Sicherungsring, manchmal auch das kleinste Ritzel, abgeschraubt. Die übrigen Ritzel können dann ebenfalls abgehoben werden. Zum Teil sind sie miteinander verbunden, so z.B. bei der Shimano-XTR-Nabe, wo sie zur Gewichtsersparnis gemeinsam auf einem zentralen Sternprofil sitzen.

Werkzeug und Ausrüstung:
9- oder 10-mm-Inbus
Fett

Abnehmen:

1. Zerlegen Sie das linke Achslager und ziehen Sie die Achse heraus.
2. Halten Sie das Rad gut fest und drehen Sie die Freilaufkassette inklusive Ritzel mit einem Inbusschlüssel los (10 mm bei Shimano, 9 mm bei Campa und SunTour).

Montieren:

1. Säubern und fetten Sie sorgfältig die Gewinde von Kassettenbolzen und Nabe.
2. Setzen Sie die Kassette (inklusive Ritzel) präzise an die Nabe.
3. Ziehen Sie die Kassette mittels Inbusschlüssel fest.

Anmerkung:
Blockiert das Rad, ist vermutlich die innenliegende Inbusschraube nicht richtig festgezogen worden. Entfernen Sie links Kontermutter und Konus. Ziehen Sie die Achse heraus. Drehen Sie die Kassette mittels Inbusschlüssel fest und bauen Sie das Rad zusammen und ein.

Ritzel-Montage: Kassettennabe

Die Ritzel sitzen auf Rippen des Kassettenkörpers und werden mit einem Schraubring gesichert (Shimano) bzw. durch das aufgeschraubte kleinste Ritzel (SunTour, Campagnolo).

Bei Shimano-Hyperglide-Ritzeln, deren besondere Schaltqualitäten auf präziser Positionierung von speziell geformten Zähnen zueinander abhängt, ist eine der Rippen breiter als die übrigen. Achten Sie beim Aufsetzen hierauf.

Werkzeug und Ausrüstung:
Kettenhebel
Freilaufabnehmer (Shimano)
Schraubenschlüssel

Abnehmen:

1. Bauen Sie das Hinterrad aus.
2. Legen Sie das Rad flach hin, Zahnkranz nach oben.
3. Fixieren Sie das größte Ritzel mittels Kettenhebel. Drehen Sie bei Shimano den Schraubring mittels Freilaufabnehmer und Schraubenschlüssel los bzw. bei Campa/SunTour das kleinste Ritzel mit einem zweiten Kettenhebel.
4. Nehmen Sie Ritzel und Zwischenringe ab. Prägen Sie sich deren Reihenfolge gut ein. Bei manchen Modellen werden die Ritzel durch dünne Schrauben zusammengehalten.

Oben: Bei der Kassettennabe läßt sich der Freilauf mit 9- oder 10-mm-Inbus von der Nabe trennen, nachdem linkes Lager und Achse entfernt wurden.

Montieren:

1. Legen Sie Ritzel und Zwischenringe in richtiger Reihenfolge auf.

2a. Campa/SunTour: Schrauben Sie das kleinste Ritzel auf. Das Festziehen besorgt die Kette in Fahrt.

2b. Shimano: Drehen Sie den Sicherungsring auf und ziehen Sie ihn mit dem Freilaufabnehmer gut fest!

Anmerkung: Shimano-Kassetten
Bei diversen Shimano-Kassetten sitzen jeweils mehrere Ritzel auf einem gestuften Stern und werden durch drei lange Schrauben gehalten. Es finden sich bis zu zwei dieser Sterne pro Kassette. Das Zerlegen der Kassette erfolgt in gewohnter Manier durch Lösen des Sicherungsringes mittels des Vielzahnwerkzeugs.

Unten: Beim konventionellen Schraubkranz werden die Ritzel mittels zweier Kettenhebel gelöst.

Ritzel-Montage: Schraubkranz

Bei konventionellen Schraubkränzen sind erstes oder erstes und zweites Ritzel zusammen auf den Freilauf geschraubt und fixieren dadurch die übrigen Ritzel. Sie setzen einen Kettenhebel am kleinsten Ritzel und den zweiten Hebel am dritten oder einem größeren Ritzel an und gehen ansonsten wie oben vor. Setzen Sie den zweiten Hebel niemals am zweitkleinsten Ritzel an - dieses ist manchmal mit dem kleinsten Ritzel verbunden. Nach dem Einbau des Rades schalten Sie in den höchsten Gang und stellen sich auf das Pedal, um das kleinste Ritzel festzuziehen. Stimmt die Schaltung nicht mehr, justieren Sie das Schaltwerk.

Kapitel 7

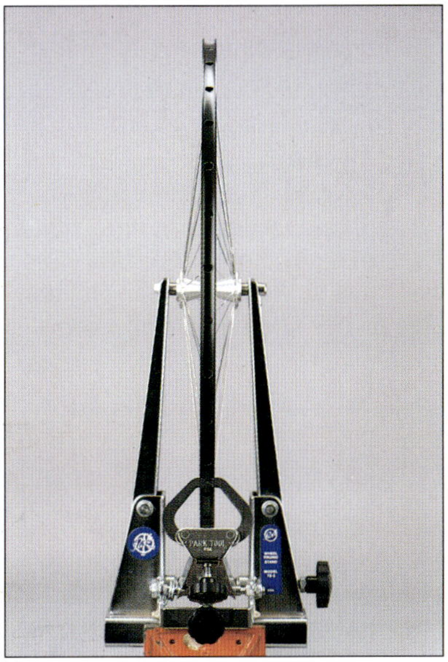

Laufräder

Die Räder eines Fahrrades bestehen aus Nabe, Felge, Bereifung und den Speichen. Das eine Ende der Speichen ist im Nabenflansch eingehakt, das andere wird in der Felge von einem Schraubnippel gehalten. Speichenenden und Nippel werden zum Schutz des Schlauches durch Felgenband abgedeckt. Das Felgenband wiederum verbirgt sich unter der Bereifung.

Die meisten Fahrradpannen gehen von den Laufrädern aus, besonders bei häufiger Fahrt im Gelände. Dieses Kapitel behandelt die wichtigsten Wartungs- und Reparaturarbeiten am Laufrad.

Wir beginnen mit der sinnvollsten Methode, ein Laufrad aus- und einzubauen. Dies ist für Wartungsarbeiten oder zum Fahrradtransport häufig erforderlich.

***Oben:** Absolut rund und zentrisch - das perfekte Laufrad eines Fahrrades.*

***Unten links:** MTB-Laufrad mit Stollenbereifung und Schnellspannabe.*

***Unten rechts:** Diverse Gelände- und Straßenlaufräder.*

Laufrad-Montage: Schnellspanner

Schnellspannaben werden heutzutage gleichermaßen gern bei Straßenmaschinen wie Mountainbikes eingesetzt.

Werkzeug und Ausrüstung: Lappen (beim Hinterrad)

Ausbau:

1. Für den Hinterrad-Ausbau wird die Kette zunächst auf kleinstes Blatt und Ritzel geschaltet, während Sie die Pedale bei angehobenem Laufrad vorwärts drehen. Hängen Sie die Kette an den Strebenhaken, falls vorhanden.

2. Falls der Reifen entlüftet ist, gibt es mit der Bremse keine Schwierigkeiten.

***Oben:* Bedienung des Schnellspanners. Der Klemmhebel kann das Rad nur dann sicher halten, wenn Sie auf dem letzten Teil der Schwenkbewegung einen deutlichen Widerstand verspüren, bevor der Hebel in die Stellung „geschlossen“ schnappt.**

***Unten:* Öffnen Sie die Bremse, damit der Reifen, falls er aufgepumpt ist, beim Herausnehmen des Laufrades nicht an den Bremsschuhen hängenbleibt.**

3. Sonst muß die Bremse geöffnet werden. Bei der Seitenzugbremse wird der Öffnungshebel umgelegt. Bei Canti- oder U-Brake werden die Bremsarme zusammengedrückt und ein Nippel des Querzuges ausgehängt. Sitzt die U-Brake unter den Kettenstreben, schieben Sie das Laufrad bei offenem Nabenschnellspanner zum Aufdrücken der Bremsarme nach vorn. Bei der Mittelzugbremse wird je nach Typ die Verbindungs- bzw. Steuerplatte oder ein Gegenhalter ausgehängt.
4. Legen Sie den Schnellspannhebel der Nabe auf Position „offen“ um.
5. Beim Hinterrad werden Schaltwerk und Kette mit einem Lappen (damit die Finger sauber bleiben) nach hinten gezogen. Ziehen Sie das Rad heraus, wobei Sie den Reifen an den Bremsklötzen vorbeidirigieren.

Einbau:

1. Beim Hinterrad werden die Schalthebel zunächst in die Stellung für je kleinstes Ritzel und Blatt gebracht. Falls die Kette erst noch auf das kleinste Blatt wechseln muß, legen Sie sie dabei von Hand um.
2. Damit der Reifen zwischen den Bremsschuhen hindurchpaßt, muß die Bremse offen sein. Drücken Sie ggf. die Bremsarme zusammen und haken den Querzug aus (Canti-/U-Brake) bzw. betätigen den Schnellöffnungshebel (Seitenzugbremse), drehen die Verbindungs- bzw. Steuerplatte heraus oder hängen den Gegenhalter aus (Mittelzugbremse, je nach Typ).
3. Der Schnellspanner der Nabe muß auf Position „offen“ stehen.
4. Beim Hinterrad ziehen Sie das Schaltwerk nach hinten.
5. Schieben Sie das Laufrad an seinen Platz. Dirigieren Sie den Reifen an der Bremse vorbei.
6. Das Laufrad muß symmetrisch zwischen Gabelscheiden bzw. Hinterbaustreben stehen.
7. Halten Sie das Laufrad in korrekter Position fest und schließen Sie den Nabenschnellspanner. Prüfen Sie, ob das Laufrad fest sitzt.
8. Kontrollieren Sie die korrekte Positionierung des Laufrades.
9. Schließen Sie die Bremse; überprüfen Sie ihre Justierung. Nehmen Sie ggf. die Kette vom Haken.

Laufrad-Montage: Vollachse

Vollachsen finden sich an Gebrauchsrädern, z.B. bei Schaltnaben und Trommelbremsen. Die Achssicherung mittels Muttern ist dabei keineswegs technisch minderwertiger als der Schnellspanner.

Werkzeug und Ausrüstung: 13- oder 15-mm-Schlüssel
Lappen

Oben: *Beim Ausbau des Hinterrades schwenken Sie das Schaltwerk nach hinten, damit das Ritzel von der Kette freikommen kann.*

Ausbau:

1. Beim Hinterradausbau wird die Kette auf kleinstes Blatt und kleinstes Ritzel geschaltet, während Sie bei angehobenem Laufrad die Pedale vorwärts drehen. Hängen Sie die Kette ggf. auf den Strebenhaken.
2. Lösen Sie beide Achsmuttern um 2 bis 3 Umdrehungen.
3. Drücken Sie die Bremsarme zusammen und haken einen Nippel des Querzuges aus (Canti- bzw. U-Brake) bzw. legen den Schnellentspannhebel nach oben um (Seitenzugbremse). Bei einer U-Brake unter den Kettenstreben schieben Sie das Laufrad nach vorn gegen die Bremsarme und drücken diese so auf. Bei einer Mittelzugbremse drehen Sie die Verbindungs- bzw. Steuerplatte heraus oder haken den Gegenhalter aus.
4. Beim Hinterrad ziehen Sie Schaltwerk und Kette nach hinten.
5. Dirigieren Sie den Reifen an den Bremsklötzen vorbei, während Sie das Laufrad aus dem Rahmen fallen lassen.

Einbau:

1. Beim Hinterrad werden die Schalthebel in die Stellung für kleinstes Ritzel und kleinstes Blatt gebracht werden. Legen Sie ggf. die Kette von Hand auf das kleinste Blatt.
2. Damit der Reifen zwischen den Bremsklötzen hindurchpaßt, muß die Bremse offen sein. Legen Sie den Schnellentspannhebel um (Seitenzugbremse) bzw. haken Sie den Querzug der Canti- oder U-Brake aus. Bei einer Mittelzugbremse drehen Sie die Verbindungs- oder Steuerplatte heraus bzw. haken den Gegenhalter aus.
3. Falls die Unterlegscheiben nicht ohnehin mit den

Unten: *Wo vorhanden, dienen Justierschräubchen im Ausfallende dazu, einen perfekt seitensymmetrischen Sitz des Laufrades im Hinterbau sicherzustellen.*

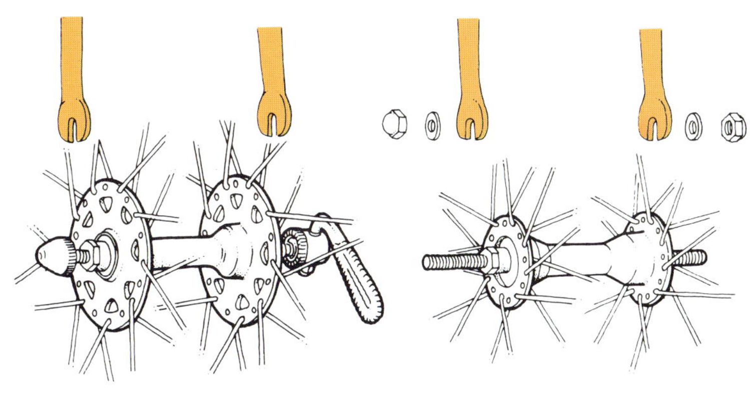

Abb. 7.1 Laufradmontage mit Schnellspanner bzw. Vollachse

Oben: Benutzen Sie einen flachen Konusschlüssel und setzen einen zweiten Gabelschlüssel an der gegenüberliegenden Kontermutter an, um das Lager festzuziehen. Setzen Sie dagegen den zweiten Schlüssel am gegenüberliegenden Konus an, um das Lager zu lösen.
Um die Kontermutter festzuziehen oder zu lösen, halten Sie den darunterliegenden Konus mit einem zweiten Schlüssel fest.

Achsmuttern verbunden sind, bringen Sie die Scheiben in die richtige Position zwischen Ausfallende und Achsmutter.

4. Im Fall eines Hinterrades werden Schaltwerk und Kette nach hinten gezogen.
5. Schieben Sie das Laufrad an seinen Platz. Dirigieren Sie dabei den Reifen an den Bremsschuhen vorbei. Achten Sie darauf, daß die Felge mittig zwischen den Sattelstreben bzw. Gabelscheiden steht.
6. Halten Sie das Laufrad mit einer Hand nahe der Bremse an seinem Platz. Ziehen Sie zunächst beide Achsmuttern nacheinander mit der Hand an und anschließend schrittweise mit dem Schraubenschlüssel fest.
7. Kontrollieren Sie, ob das Laufrad ordnungsgemäß positioniert ist. Nehmen Sie ggf. eine Korrektur vor.
8. Hängen Sie ggf. die Kette ab. Schließen und justieren Sie die Bremse. Die Schuhe müssen sich beim Betätigen der Bremse voll und gleichmäßig an die Felge legen.

Naben

Naben müssen gelegentlich darauf überprüft werden, ob sie noch frei drehen, ohne Spiel aufzuweisen. Sonst werden sie eingestellt, geschmiert oder, falls nötig, generalüberholt. Naben mit Rillenkugellagern erfordern Spezialwerkzeug, sind aber teilweise einstellbar.

Ein Nabenleben läßt sich durch regelmäßige Kontrolle, Justierung, Schmierung und Wartung verlängern. Zum Austausch der Nabe muß das komplette Laufrad neu eingespeicht werden, wodurch die Kosten enorm steigen. Einige Naben können nur als Paar bezogen werden.

Nabenlager-Kontrolle

Die Vorgehensweise ist unabhängig von der Art des Lagers (konventionelles oder Rillenkugellager).

Werkzeug und Ausrüstung: im Regelfall nicht erforderlich

Arbeitsschritte:

1. Versetzen Sie das vom Boden abgehobene Laufrad in langsame Drehung. Es sollte mehrere Umdrehungen nachlaufen und dann allmählich zum Stillstand auspendeln, wobei die Ventilregion (weil etwas schwerer) zum Boden zeigt. Dreht sich das Laufrad nicht leicht genug, muß das Lagerspiel vergrößert und die Nabe vermutlich auch geschmiert werden.
2. Um das Lager auf Spiel zu kontrollieren, greifen Sie mit einer Hand die Felge in Bremsnähe, während Ihre andere Hand Gabel oder Hinterbaustreben festhält. Versuchen Sie, die Felge in Querrichtung hin und her zu bewegen. Gelingt dies, muß das Lager etwas strammer eingestellt werden.

Oben: Hochwertige Nabe mit Kunststoffdichtung, die Schmutz und Nässe weitestmöglich abhält.

Nabenlager-Justierung

Die Nabe ist einzustellen, sobald vorstehender Test die Notwendigkeit hierzu ergibt. Beim Hinterrad (Ausnahme: Kassettennabe) nehmen Sie den Freilauf ab (siehe Kapitel 6). Danach wird als erstes die rechte Kontermutter fest gegen ihren Konus gezogen.

Werkzeuge und Ausrüstung:
13- bis 16-mm-Konusschlüssel
13- bis 15-mm-Gabel- oder Ringschlüssel;

Arbeitsschritte:

1. Beim Vorderrad mit Vollachse bzw. einem Hinterrad mit Nabenschaltung lösen Sie lediglich die linke Achsmutter. In allen anderen Fällen bauen Sie das Rad aus.
2. Lösen Sie links die Kontermutter um eine Umdrehung. Halten Sie mit dem Konusschlüssel auf der gleichen Laufradseite gegen.
3. Ziehen Sie den Konus schrittweise um je eine Viertelumdrehung an oder lösen Sie ihn, bis das Lager auf minimales Spiel eingestellt ist. Beim Lösen des Konus wird am gegenüberliegenden Konus gegengehalten, beim Anziehen an der gegenüberliegenden Kontermutter.
4. Fixieren Sie den Konus mit dem Konusschlüssel und drehen Sie die Kontermutter fest gegen den Konus.
5. Prüfen Sie das Lagerspiel. Wiederholen Sie ggf. den Einstellvorgang.
6. Bauen Sie das Laufrad wieder ein bzw. ziehen Sie die Achsmutter an.

Unten: Nach Entfernen des Konus sollten Sie in der Lagerschale die Kugeln sehen können, die hoffentlich in einer Fettschicht laufen.

Nabenlager-Schmierung

Einmal pro Saison, oder wenn das Lager auch nach korrekter Einstellung nicht richtig läuft, werden Naben wie nachstehend beschrieben grundüberholt. Viele hochwertige Naben lassen sich auch zwischendurch mittels einer Öffnung im Nabenkörper nachschmieren, die durch einen Federclip verschlossen ist. Benutzen Sie Öl der Viskosität SAE 60 oder höher aus einem Drucköler mit dünner Mündung. Bei manchen Naben läßt sich der Plastik-Dichtring mit einem dünnen Schraubendreher anheben und das Lager dann mit Fett nachfüllen. Damit gekapselte Rillenkugellager gut laufen, erhalten sie etwas dünnflüssiges Öl unter ihre Dichtungen.

Naben-Instandsetzung

Die Nabe wird grundüberholt, sobald sie trotz Justierens bzw. Nachschmierens nicht mehr korrekt läuft.

Werkzeuge und Ausrüstung:
13- bis 16-mm-Konusschlüssel
13- bis 15-mm-Ringschlüssel
Lappen
Lagerfett

Zerlegen:

1. Nehmen Sie das Laufrad aus dem Rahmen.
2. Entfernen Sie Schnellspanner oder Achsmuttern und Unterlegscheiben.
3. Schrauben Sie eine der Kontermuttern ab. Halten Sie auf der gleichen Seite gegen.
4. Nehmen Sie die Nasenscheibe ab.
5. Entfernen Sie den Konus. Halten Sie dazu auf der gegenüberliegenden Seite gegen. Fangen Sie die Kugeln auf.
6. Ziehen Sie die Achse samt zweitem Konus, seiner Kontermutter und der Nasenscheibe aus der Nabe. Fangen Sie wiederum die Kugeln auf. Entfernen Sie ggf. die Dichtringe aus dem Nabenkörper.

Wartung:

1. Reinigen und überprüfen Sie alle Lagerkomponenten.
2. Ersetzen Sie die Kugeln durch neue von gleicher Größe und Anzahl. Ersetzen Sie alle sonstigen Teile, deren Oberfläche korrodiert ist oder Schlag- bzw. Kerbspuren aufweist.

Oben: Bei einer Kassettennabe befindet sich das rechte Lager im Freilaufkörper. Zerlegen Sie die Nabe von der gegenüberliegenden Seite her.

Unten: Die Nahaufnahme der Felge zeigt die eingelassenen Nippel. Bei dieser Felge gehört der erste Nippel unter dem Ventilloch zu einer auf der rechten Laufradseite sitzenden Speiche.

Zusammenbau:

1. Füllen Sie die gereinigten Lagerschalen der Nabe mit Fett. Setzen Sie die Dichtungen ein.
2. Setzen Sie die Kugeln in das Fett. Damit die Kugeln Bewegungsspielraum behalten, wird eine Kugel weniger eingesetzt, als den gesamten Schalenumfang ausfüllen würde.
3. Schieben Sie die Achse ein, auf deren einer Hälfte ein Konus mit Scheibe und Konterung installiert ist. Am Hinterrad ist die Seitenrichtung zu beachten.
4. Drehen Sie den zweiten Konus auf das freie Achsende, bis das Lager nur noch minimales Spiel aufweist.
5. Setzen Sie die Nasenscheibe auf die Achse.
6. Drehen Sie die Kontermutter fest gegen den Konus.
7. Prüfen Sie das Lagerspiel. Wiederholen Sie ggf. die Einstellung des Lagers, bis es korrekt läuft.
8. Setzen Sie das Laufrad wieder in den Rahmen.

Anmerkung:
Sofern Sie beide Konen von der Achse abgenommen haben, achten Sie bei der Montage auf den richtigen Achsüberstand auf beiden Seiten.

Felge und Speichen

Da die Speichenspannung weitgehend den runden Lauf der Felge bestimmt, müssen Speichen und Felge zusammen besprochen werden. Die Speichen verbinden Nabe und Felge. Speichen können radial gespannt oder zwei-, drei- bzw. vierfach gekreuzt werden.

Oben: Jede Speichenstärke erfordert ihr eigenes, am besten farbcodiertes Nippeldreherformat. Universal-Nippeldreher, die mehrere Größen abdecken, sind weniger empfehlenswert.

Unten: Für zeitoptimiertes Laufradbauen bzw. -Zentrieren benötigen Sie einen Zentrierständer mit Fühlerzungen, die Ihnen Felgenschlag anzeigen.

Das Vorderrad ist drehmomentfrei und daher für fast jede Kreuzungsart geeignet. Hinten, jedenfalls rechtsseitig, sollte 3- oder 4-fach gekreuzt werden. Ist Ihr Fahrstil wuchtig oder fahren Sie viel auf unebenem Untergrund, wählen Sie als Minimum 36er Lochung, zumindest hinten.

Typischen Laufradproblemen wie Speichenbruch und verzogenen Felgen kann man durch angemessene Speichenspannung vorbeugen. Zupfen Sie an den Speichen eines korrekt gespannten Laufrades im Fahrradgeschäft und vergleichen Sie Gefühl und Klang mit ihren eigenen Rädern. Ggf. erhöhen Sie die Spannung einiger oder aller Ihrer Speichen (vgl. Abschnitt *Laufrad-Zentrierung*).

Seitenschlag-Kontrolle

Die Felge eines beschädigten Laufrades ist häufig unrettbar verzogen. Der Seitenschlag des Laufrades kann beim Fahren zu Schwingungen in Querrichtung führen. Das Laufrad wird auf Planlauf geprüft, indem man es langsam frei in der Luft drehen läßt und hierbei den Abstand der Felge zu einem Fixpunkt am Hinterbau beobachtet (bzw. beim Vorderrad an der Gabel). Beim korrekt zentrierten Laufrad bleibt der Abstand während des Drehens konstant und ist auf beiden Radseiten gleich.

Laufrad-Notreparatur

Manchmal erübrigt sich jegliche Kontrolle - der Schaden ist völlig offensichtlich. Eine dauerhafte Reparatur ist dann so gut wie ausgeschlossen, und auch vorläufige Maßnahmen versetzen das Laufrad nicht wieder in einen wirklich fahrsicheren Zustand. Dennoch läßt sich auch das schwer verzogene Rad oft so weit richten, daß man noch vorsichtig nach Hause fahren kann.

Legen Sie die Felge mit einer tiefen Stelle auf einer Unterlage auf und drücken Sie kräftig auf die daneben gelegenen hohen Stellen. Prüfen Sie zwischendurch immer wieder Ihr Ergebnis, bis dies halbwegs akzeptabel ausfällt. Dann folgen Sie den Arbeitsschritten *Laufrad-Zentrierung*, um die Feinarbeit zu leisten, bis Sie wieder fahren können. Zu Hause wird das Laufrad schnellstens ordnungsgemäß repariert oder ersetzt.

Laufrad-Zentrierung

Hiermit bekommen Sie ein verzogenes Laufrad wieder in Form. Am besten geschieht dies zu Hause, doch auch unterwegs läßt sich genug tun, um zumindest wieder zurück zu kommen. In der heimischen Werkstatt ist ein Zentrierständer praktisch, aber nicht Pflicht: Das Rad kann auch im Fahrrad bleiben. Letzteres wird dann möglichst auf den Kopf gestellt. Hierbei sollte der Lenker so unterstützt werden, daß dort nichts Schaden nimmt. Die Bereifung kann abgenommen werden; sie muß es aber nicht.

Werkzeug und Ausrüstung: Nippeldreher

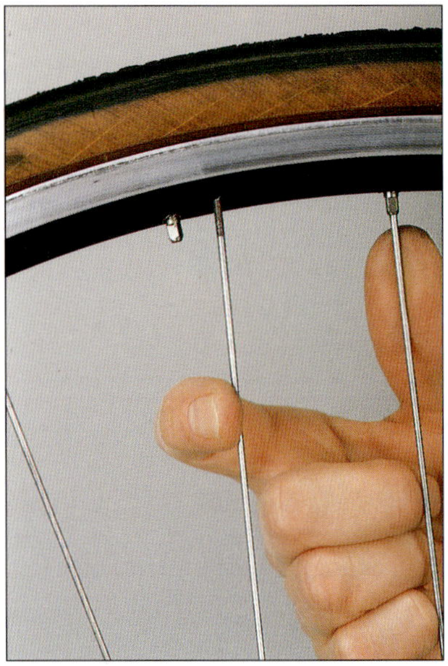

Oben: Ersetzen einer einzelnen Speiche. Wenn der Nippel in Ordnung ist, braucht der Reifen nicht abgenommen zu werden. Bei einer billigen Felge, wo die Nippel mit dem Reifen Kontakt haben, sollten Sie den Reifen jedoch entlüften.

Unten: Eine professionelle Zentrierlehre erlaubt schnelles Überprüfen, ob die Felge mittig in Relation zur Nabe steht.

Arbeitsschritte:

1. Drehen Sie das Laufrad langsam und beobachten Sie die Relation der Felge zu beiden Seitenfühlern des Zentrierständers oder, wenn ein solcher nicht vorhanden ist, den Bremsklötzen. Markieren Sie diejenigen Felgensegmente, die weiter nach links bzw. rechts verschoben werden müssen.
2. Mit dem Nippeldreher lösen Sie die Nippel, die an den hohen Stellen außen sitzen, während die innenliegenden Nippel dieses Bereiches angezogen werden. In der Mitte der hohen Stelle werden die Nippel um je eine halbe Umdrehung verdreht, während im Randbereich jeder Nippel nur um eine Viertelumdrehung bewegt wird. Das Vierkantprofil hilft beim Maßhalten.
3. Wiederholen Sie, abwechselnd prüfend und korrigierend, diesen Vorgang mit jeder hohen Stelle, bis das Rad plan läuft.
4. Nach dem Zentrieren muß ein mittiger Sitz der Felge in Bezug auf die Nabe hergestellt werden. Hierbei helfen eine Zentrierlehre oder wiederum die Bremsklötze. Lösen Sie alle Nippel der Seite, von der die Felge wegbewegt werden muß, um eine Viertelumdrehung, während Sie die gegenüberliegenden Speichen um das gleiche Maß härter spannen. Beginnen Sie immer am Ventilloch.
5. Steht die Felge ordentlich, müssen Sie die Speichen noch setzen. Hierzu umfassen Sie immer die Speichen eines Quartetts (s. Abb. S. 87) mit der Hand. Ziehen Sie die vier Speichen mit der Hand zusammen. Arbeiten Sie sich vom Ventilloch aus einmal um das Laufrad herum.
6. Bei einem Hinterrad für Kettenschaltung stehen die rechtsseitigen Speichen steiler und somit auch unter höherer Spannung als die Speichen auf der linken Seite. Dies ergibt sich aus der asymmetrischen Position der Nabenflansche wegen des Platzbedarfes des Zahnkranzes rechts.

Anmerkung:

Zuerst werden Sie zum Zentrieren sehr lange brauchen, und dennoch wird das Ergebnis eventuell unbefriedigend sein. Geben Sie nicht auf - es fällt Ihnen zunehmend leichter! Trotzdem sollten Sie Ihr Werk die ersten Male von einem Fachmann überprüfen lassen.

Speichen-Montage

Es kann vorkommen, daß eine Speiche bricht. Normalerweise geschieht dies am Kopf. Sorgen Sie rechtzeitig dafür, daß Sie Ersatzspeichen gleicher Länge und Stärke zur Hand haben.

Werkzeug und Ausrüstung:

Freilauf- oder Zahnkranzabnehmer

Nippeldreher

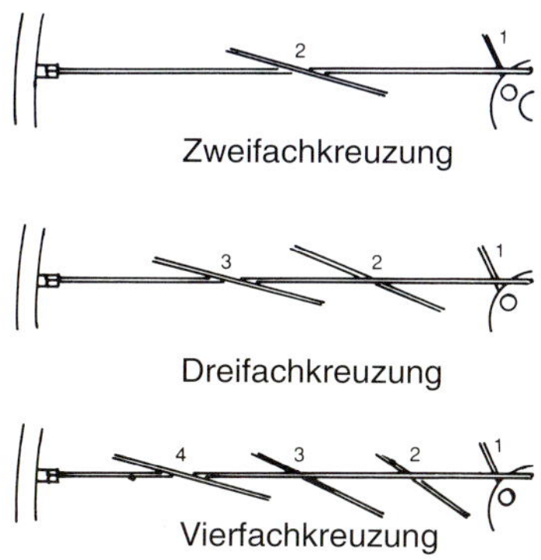

Abb. 7.2 - Gebräuchliche Speichenkreuzungsarten

Oben: Zentrieren eines Laufrades im Zentrierständer. Alternativ können Sie das Laufrad auch im eingebauten Zustand bearbeiten. In diesem Fall benutzen Sie die Bremsblöcke als Bezugspunkte.

Arbeitsschritte:

1. Nehmen Sie Bereifung und Felgenband sowie ggf. Freilauf oder Ritzel ab. Drehen Sie den Nippel von der defekten Speiche herunter und entfernen Sie diese.
2. Fädeln Sie die Ersatzspeiche durch das freie Loch des Nabenflansches - Kopf innenliegend für eine außen laufende Speiche und umgekehrt.
3. Suchen Sie an der Felge die vierte Speiche vor oder hinter der defekten. Diese verläuft in gleicher Weise wie die zu ersetzende Speiche. An ihr sehen Sie, wie Sie die neue Speiche einzuflechten und mit den übrigen zu kreuzen haben.
4. Ziehen Sie die neue Speiche analog zu Ihrer Vergleichsspeiche ein.
5. Drehen Sie den Nippel auf das Speichengewinde auf. Bringen Sie die Speiche langsam auf Spannung, wobei Sie sich an der der übrigen Speichen auf dieser Seite desselben Laufrades orientieren.
6. Zentrieren Sie das Laufrad (siehe *Laufrad-Zentrierung*), bis das Rad plan läuft.
7. Komplettieren Sie das Laufrad wieder und pumpen Sie den Reifen auf.

Anmerkungen:
Achten Sie bei mehreren defekten Speichen darauf, jedem Felgenloch das richtige Flanschloch zuzuordnen. Orientieren Sie sich an dem Verlauf der übrigen Speichen. Ist nur eine einzelne Speiche defekt, und Sie haben keinen Ersatz bei sich, zentrieren Sie das Laufrad, indem Sie im Bereich der defekten Speiche die Speichen der einen Seite spannen und gegenüberliegende entspannen. Zentrieren Sie nach dem Setzen der Speichen erneut.

Notspeichen-Montage

Schneiden Sie den Kopf einer überlangen Speiche ab, und kröpfen Sie dieses Ende sodann doppelt rechtwinklig. Solche Notspeichen lassen sich auch hinten rechts einziehen, ohne daß zuvor der Zahnkranz abgenommen werden müßte.

Anmerkung:
Zuhause wird die Notspeiche von Ihnen oder einer Werkstatt durch eine normale Speiche richtiger Länge ersetzt. Achtung - ein inkorrekt gespanntes Laufrad bekommt schnell Schlag. Besonders bei zu niedriger Spannung könnte es auch kollabieren. Bei zu hoher Spannung brechen evtl. die Nippel aus der Felge aus.

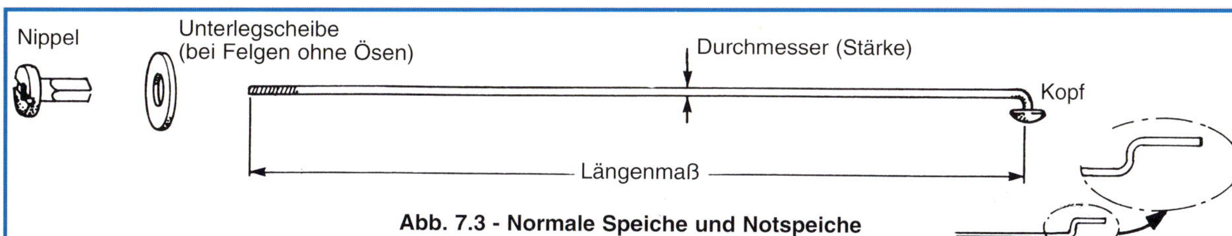

Abb. 7.3 - Normale Speiche und Notspeiche

Oben: Am einfachsten läßt sich die Felge austauschen, indem neue und alte Felge aneinandergebunden werden und man Speiche um Speiche in ihre entsprechenden Löcher der neuen Felge umsetzt. Dies lohnt nur, wenn Speichen und Nabe sich noch in gutem Zustand befinden.

Laufradbau

Der Bau eines Laufrades von Grund auf ist nur versierten Bastlern anzuraten und kann ggf. anderweitig nachgelesen werden. Hier soll nur der einfache Fall des Ersetzens der Felge eines bestehenden Laufrades behandelt werden (wenn diese z.B. beschädigt ist) unter Verwendung von bestehender Nabe und Speichen.

Die neue Felge muß mit der alten identisch sein: Überprüfen Sie Größe und Lochzahl. Ferner muß der Verlauf des Rechts-Links-Versatzes der Speichenlöcher in Relation zur Felgenmittelachse übereinstimmen. Kontrollieren Sie dies vom Ventilloch aus.

Werkzeuge und Ausrüstung:

Nippeldreher
Lappen
Fett
Klebeband

Arbeitsschritte:

1. Entfernen Sie von der alten Felge Bereifung und Felgenband.
2. Plazieren Sie die alte so an die Seite der neuen Felge, daß die Ventillöcher übereinander stehen.
3. Fixieren Sie beide Felgen mit Klebeband an mindestens drei Stellen aneinander.
4. Am Ventilloch beginnend, entfernen Sie immer je eine Speiche aus der alten Felge und führen sie in das entsprechende Loch der neuen Felge. Drehen Sie den gefetteten Nippel auf, bis noch ca. 3 mm Speichengewinde frei sind.
5. Wenn alle Speichen umgesetzt sind, bringen Sie sie reihum mit immer nur je einer

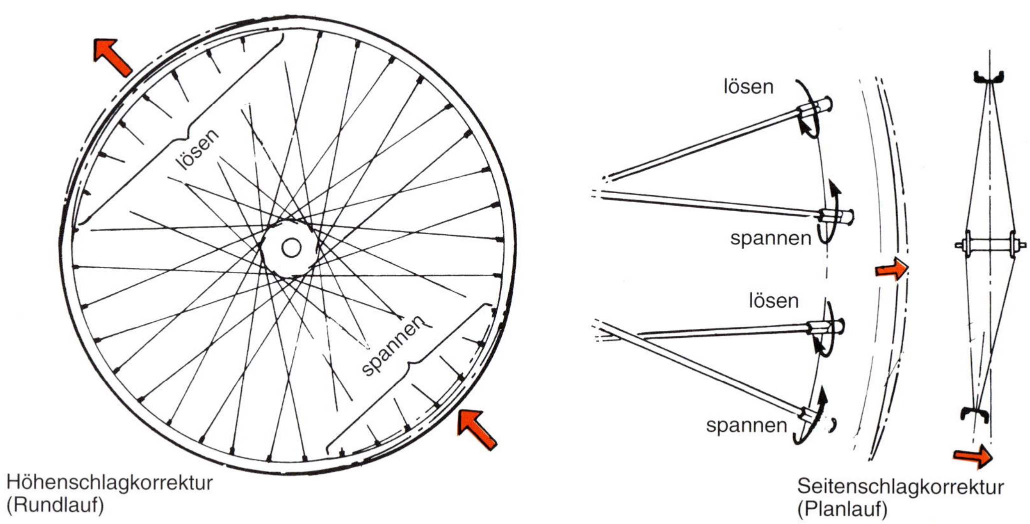

Abb. 7.4 - Höhen- und Seitenschlagkorrektur

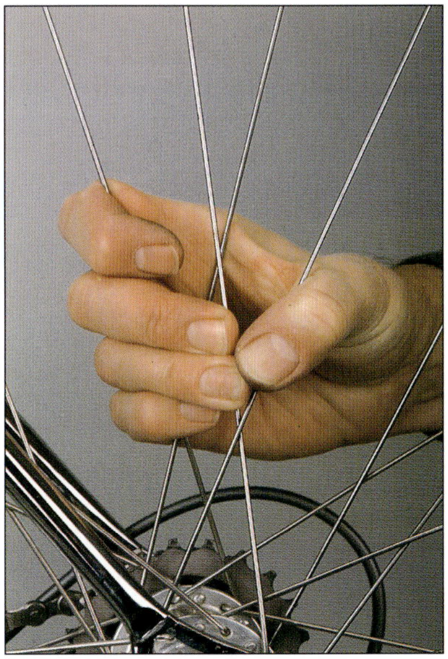

Oben: Setzen der Speichen.

Mitte: Ansetzen des Deckenhebers.

Unten: Herausschieben des Ventiles.

Nippelumdrehung zur Zeit nach und nach auf gleiche Spannung.

6. Befolgen Sie die Anleitung *Laufrad-Zentrierung*, um Höhen- und Seitenschlag zu beseitigen. Bringen Sie die Speichenspannung auf das Niveau eines fabrikneuen Laufrades. Achten Sie bei Kettenschaltung auf das Erfordernis höherer Speichenspannung am Hinterrad rechts.

7. Ziehen Sie reihum die Mitte der Speichen jedes Quartetts einmal in der Hand zusammen, um die Speichen zu setzen. Bringen Sie die Felge mit Zentrierlehre oder hilfsweise den Bremsklötzen auf mittige Stellung. Wenn nötig, passen Sie die Speichenspannung erneut an und führen erforderlichenfalls auch Schritt 6 erneut aus.

8. Evtl. aus den Nippeln heraus in das Felgeninnere ragende überschüssige Speichenlänge wird weggefeilt.

9. Ziehen Sie Felgenband und Bereifung auf. Pumpen Sie den Schlauch auf und zentrieren Sie, falls nötig, erneut.

10. Bei jeweils 40, 80 und 120 km Laufleistung werden Speichenspannung und Rund- bzw. Planlauf nochmals überprüft.

Decke und Schlauch

Die Bereifung bleibt der Schwachpunkt des Rades. Ersatzschlauch, Pumpe und Flickzeug sollten Sie stets mitführen. Die auf der Flanke vermerkte Reifengröße muß mit dem Felgenmaß übereinstimmen. Bei MTBs beträgt dieses Maß fast ausnahmslos 559 mm. Der internationale Normgrößenstandard lautet ISO bzw. ETRTO und bezieht sich auf Felgendurchmesser und Reifenbreite. US-Hersteller geben den nominellen Außendurchmesser und die Breite ihrer Reifen an.

Die Reifenbreite hängt mit den Fahrbedingungen zusammen: Auf guten Straßen kommt man mit ziemlich schmalen Reifen aus, während in rauhem Gelände, auf Schnee, Sand oder anderem lockeren Boden die breitesten MTB-Reifen (54 mm / 2,125") richtig sind. Nicht jede Reifenbreite ist mit jeder Felge und jedem Rahmen kompatibel. Beim MTB sollten auf jeder Seite mindestens 6 mm Freiraum zwischen aufgepumptem Reifen und Hinterbaustreben bzw. Gabelscheiden verbleiben, beim Rennrad 4 mm. Offiziell sollte der Schlauch auf die Reifenbreite abgestimmt sein, doch tatsächlich ist die Breite eher unkritisch, solange der Durchmesser stimmt.

Schlauchreparatur

Mit dem Plattfuß, dem häufigsten Defekt am Rad, sollte jeder Radler fertig werden können. Sie können den defekten Schlauch ersetzen oder flicken. Früher oder später läuft es auf letzteres hinaus, da man nicht beliebig viele Ersatzschläuche mitführt. Zwar ist eine große Zahl von Arbeitsschritten erforderlich, doch sind diese nicht kompliziert, und mit etwas Übung läßt sich die Reparatur in zehn Minuten erledigen, auch unterwegs.

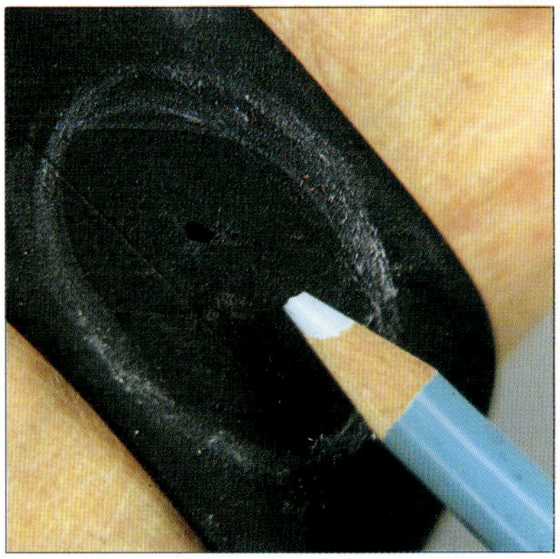

Oben: Markieren der Defektstelle.

Mitte: Aufrauhen und Versäubern.

Unten: Auftragen der Gummilösung.

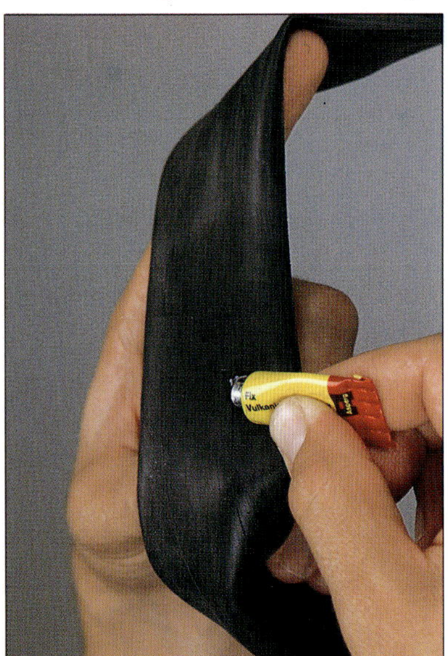

Sind Reifen und Felge so gewählt, daß ersterer nicht zu stramm auf letzterer sitzt, sparen Sie viel Zeit. Sie erzielen dies durch Wahl einer Felge mit tiefem Bett und sorgfältiges Aus- bzw. Anprobieren verschiedener Reifen. Bei MTBs läßt sich die Decke dann auch häufig völlig ohne Montierhebel nur von Hand abziehen.

Werkzeug und Ausrüstung:
Flickzeug
Deckenheber
Ersatzschlauch
13- bis 15-mm-Gabelschlüssel
kleiner Schraubendreher

Arbeitsschritte:

1. Pumpen Sie den Reifen versuchsweise auf. Tritt Luft am Ventil aus? Autoventile halten manchmal nicht dicht. Sie lassen sich durch Festdrehen des Einsatzes mittels z.B. kleinem Schraubendreher reparieren. Sclaverandventile lecken, wenn sie nicht zugeschraubt wurden. Wechseln Sie probeweise den Einsatz eines Blitzventiles. Schrauben Sie den Ring fest an.
2. Beim Hinterraddefekt legen Sie die Kette auf das kleine Blatt, das kleinste Ritzel und, so vorhanden, den Kettenhaken. Drücken Sie das Schaltwerk nach hinten. Nehmen Sie das Laufrad aus dem Rahmen. Drücken Sie den entlüfteten Reifen im Bereich der Bremsschuhe zusammen, falls er an ihnen hängen bleibt, oder öffnen Sie die Bremse.
3. Überprüfen Sie die Decke auf sichtbare Schäden. Markieren Sie diese mit Kugelschreiber, oder knoten Sie irgendetwas zur Markierung um die nächstgelegene Speiche.
4. Etwaige Restluft ablassen. Hierzu Blitzventileinsatz herausnehmen bzw. bei Auto- oder Sclaverandventil mittigen Stift eindrücken. Bei letztgenannter Ventilart vorher die Rändelmutter aufschrauben.
5. Drücken Sie eine Reifenseite ringsum vom Felgenhorn los in das Tiefbett in Felgenmitte, damit sich der Reifen leichter über die Felgenflanke heben läßt.
6. Wenn sich der Reifen nicht von Hand abnehmen läßt, schieben Sie das lange Ende eines Deckenhebers unter den Reifenwulst. Haken Sie das kurze Ende an einer Speiche fest.
7. Zwei oder drei Speichen weiter setzen Sie den nächsten Deckenheber an.
8. Falls erforderlich, wird noch der dritte Heber zwei oder drei Speichen in der entgegengesetzten Richtung angesetzt. Fehlt der dritte Heber, nehmen Sie einen der anderen heraus und setzen ihn an der neuen Stelle an.
9. Entfernen Sie die Deckenheber und ziehen Sie ringsum den Rest dieser Reifenseite von Hand von der Felge, an der abgehebelten Stelle beginnend.
10. Ziehen Sie den Schlauch unter der Decke hervor und stoßen Sie das Ventil aus seinem Loch in der Felge. Schrauben Sie zuvor den Ventilsicherungsring los.

Oben: Die Folie wird von der Klebeseite des Flickens entfernt und dieser mittig auf die vorbehandelte Schadstelle gesetzt.

Unten: Der Flicken muß auf ganzer Fläche sitzen. Haftet auch nur ein kleiner Bereich nicht richtig, beginnt man besser von vorn.

11. Überprüfen Sie den Schlauch. Beginnen Sie ggf. dort, wo Sie an der Decke einen sichtbaren Defekt markiert haben.

12. Läßt sich das Leck nicht direkt sehen, pumpen Sie den Schlauch auf und überprüfen ihn auf Luftaustritt, indem Sie ihn ringsum dicht vor einem Auge, Ihrem sensitivsten Organ, entlangführen. So habe ich bis jetzt noch jedes Loch gefunden, doch bedarf es einiger Übung.

13. Gelingt es Ihnen so nicht, den Schaden zu finden, tauchen Sie den aufgepumpten Schlauch in Wasser. Mangelt es hieran, verreiben Sie nach und nach jeweils etwas Wasser aus Ihrer Trinkflasche sorgfältig auf der gesamten Schlauchoberfläche. Pumpen Sie ggf. zwischendurch nach, falls der Druck zu sehr abfällt.

14. Markieren Sie die Schadstelle.

15. Wählen Sie aus dem Flickzeug die angemessene Flickengröße. Außer für lange Risse oder einen Mehrfachdefekt auf engem Raum genügt die kleinste Größe.

16. Falls nötig, trocknen Sie den Schlauch im Schadbereich. Rauhen Sie die Defektstelle mit Schmirgelpapier aus dem Flickzeug auf und wischen Sie die Fläche sauber.

17. Verteilen Sie einen großzügigen Tropfen Gummilösung aus der Flickzeugtube schnell und gleichmäßig um den Defekt herum auf einer Fläche, die etwas größer als der Flicken ist.

18. Lassen Sie die Lösung bei normalen Butylschläuchen eine, bei Latex zwei Minuten lang trocknen.

19. Entfernen Sie, ohne die Klebefläche zu berühren, die Plastik- oder Alufolie von der Unterseite des Flickens. Setzen Sie den Flicken schnell, aber präzise mittig auf den Defekt.

20. Drücken Sie den Flicken an. Überprüfen Sie, ob er gut sitzt, indem Sie ihn zusammen mit dem Schlauch kneten und walken. Schlägt der Test fehl, entfernen Sie den Flicken und wiederholen ab Schritt 15.

21. Zum Test, ob er dicht ist, wird der Schlauch etwas aufgepumpt. Tritt Luft aus, gibt es entweder einen zweiten Defekt, oder der erste Flicken sitzt nicht richtig. Wiederholen Sie ggf. die Reparatur.

22. Während Sie abwarten, ob der Schlauch die Luft hält, überprüfen Sie die Innenseite der Decke auf eingedrungene Fremdkörper, die diesen Defekt verursachten und evtl. noch weitere verursachen könnten. Im Gelände können Dorne besonders tückisch sein, da sie sich außen bis zur Unsichtbarkeit abfahren, innen aber so weit hervorstehen, daß sie den Schlauch bei Belastung des Reifens verletzen.

23. Überprüfen Sie auch die Felgeninnenseite. Es darf keine Speiche hervorstehen; das Felgenband muß die Nippel bedecken. Zu Hause werden vorstehende Speichen abgeschliffen und defektes Felgenband ersetzt oder geflickt. Isolierband ist gut geeignet.

Oben: Die Decke wird sorgfältig auf die Felge zurückgehoben, ohne hierbei den Schlauch einzuklemmen.

Unten: Manchmal läßt sich auch eine Decke flicken. Diese hier aber wird sich zumindest dauerhaft nicht mehr reparieren lassen.

24. Sobald das Problem gelöst scheint, entlüften Sie den Schlauch nahezu vollständig.

25. Am Ventil beginnend, schieben Sie den Schlauch wieder unter die Decke auf die Felge.

26. Von einem dem Ventil gegenüberliegenden Punkt des Reifens her wird, sich in beide Richtungen vorarbeitend, der Dekkenwulst sorgfältig wieder über die Felgenflanke zurückgehoben.

27. Drehen Sie Felgenmutter und Staubkappe wieder auf das Ventil. Ventile, gleich welchen Types, müssen senkrecht zur Felge stehen.

28. Pumpen Sie den Reifen etwas auf und überprüfen Sie, ob der Schlauch nicht eingeklemmt ist. Walken Sie die Decke von beiden Flanken her. Sie muß rund und symmetrisch sitzen. Die Deckenschulter muß auf ganzem Reifenumfang immer den gleichen Abstand zum Felgenhorn aufweisen.

29. Bringen Sie den Reifen auf korrekten Druck. Je schmaler die Bereifung, desto höher der erforderliche Druck.

Anmerkung:

Auch wenn Sie unterwegs den Austausch des Schlauches seiner Reparatur vorziehen, sollten Sie zu Hause den defekten Schlauch flicken, damit Sie ihn als Reserve zur Verfügung haben.

Decken- und Schlauchmontage

Läßt sich der Schlauch nicht flicken, weil der Defekt zu groß ist oder an einer Nahtstelle sitzt, oder wollen Sie den Schlauch aus einem anderem Grund tauschen, führen Sie zunächst Schritte 2 bis 10 aus, ziehen den neuen Schlauch ein und fahren mit Schritten 25 bis 29 fort.

Der Austausch der Decke beginnt wieder mit Schritten 2 bis 10. Ziehen Sie dann die zweite Reifenflanke in der gleichen Richtung wie die erste über das Felgenhorn ab. Ziehen Sie die neue Decke mit einer Flanke auf die Felge. Fahren Sie fort wie vorstehend. Damit Sie bei der Defektsuche an Decke und Schlauch immer wissen, wie die Decke auf der Felge saß, sollte das Reifenetikett über dem Ventil sitzen.

Deckenreparatur

Manchmal läßt sich ein Deckenschaden zumindest provisorisch reparieren. Beginnen Sie wie bei der Schlauchreparatur. Unterlegen Sie den Defekt von innen her mit einem 2,5 x 5 cm großen Notflicken, der aus Textilband oder einem Stück alter, dünnwandiger Decke, im Notfall sogar Plastikfolie bestehen kann. Bestreichen Sie eine Seite Ihres Flickens mit Gummilösung und lassen Sie diese antrocknen. Dann tragen Sie Gummilösung erneut auf dem Flicken und jetzt auch auf der Defektstelle der Decke auf und bringen den Flicken an. Sobald er haftet, bestäuben Sie den Bereich großzügig mit Talkum, damit der Schlauch nicht festklebt.

Oben: Vorn am Fahrrad finden sich die an der Steuerung beteiligten Komponenten. Prinzipiell sind diese an jedem Fahrrad gleich, mit Ausnahme der an diesem MTB montierten Federgabel.

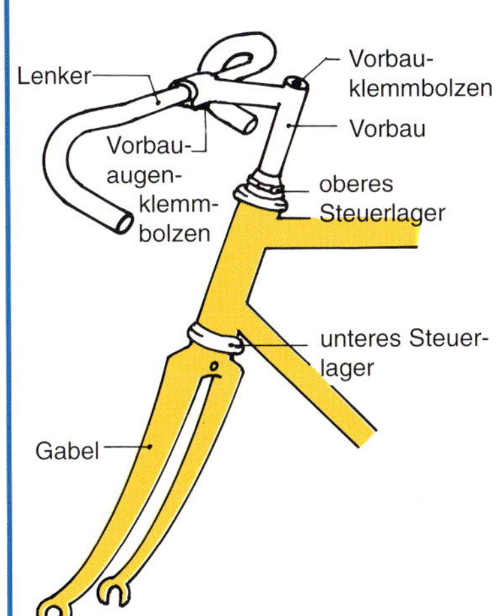

Abb. 8.1
Komponenten der Steuerung

Steuerung

Die Steuerung ist lebenswichtig für die Kontrolle über das Fahrrad. Sie besteht aus Gabel, Steuersatz, Vorbau und Lenker. Die beiden letztgenannten Teile sind manchmal miteinander zu einer Einheit verschweißt. Wenn Ihr Fahrrad mit einem A-Headset-Steuersatz bzw. -Vorbau ausgerüstet ist, beachten Sie bitte die Hinweise am Ende dieses Kapitels.

Lenker und Vorbau

Der Lenker wird in der Regel im Vorbauauge festgeklemmt. Der Vorbau wiederum wird im Gabelschaft durch einen Schräg- oder Rundkonus gehalten, den ein Gewindebolzen von unten gegen den Vorbauschaft zieht. Der Bolzenkopf - normalerweise ein 6-mm-Inbus - ist von oben zugänglich. Am Vorbauauge findet sich normalerweise ebenfalls ein oder mehrere 6-mm-Inbusbolzen, um den Lenker festzuklemmen, und manchmal eine Madenschraube, um das Auge aufzuspreizen.

Anfallende Arbeiten können im Einstellen der Lenkerhöhe, Ausrichten des Lenkers oder dem Austausch von Lenker bzw. Vorbau bestehen. Die meisten Lenker weisen einen Rohrdurchmesser von 22,2 Millimeter (7/8") an den Enden und 25,4, 26, 26,6 oder 27 Millimeter im Klemmbereich auf. Achten Sie beim Wechsel von Lenker oder Vorbau auf das richtige Maß.

Lenkerposition

Die Lenkerposition wird geändert, wenn ein Fahrrad an einen anderen Fahrer angepaßt werden soll bzw. sich die Fahrposition als unbequem erweist oder der Lenker sich ungewollt verdreht hat.

Werkzeug und Ausrüstung:
6-mm-Inbusschlüssel (11-mm-Schraubenschlüssel bei älteren Rädern mit Sechskantkopfbolzen)
evtl. Holzhammer oder normaler Hammer und ein Stück Holz zum Schutz des Bolzenkopfes

Arbeitsschritte:

1. Falls der vordere Bremszug am Vorbau verankert ist, wird der Zug durch Öffnen der Bremse entspannt.

2. Zum Einstellen der Lenkerhöhe lösen Sie den Vorbaubolzen um zwei bis drei Umdrehungen.

***Oben:** Zumeist ist der Kopf des Vorbaubolzens oben in den Vorbauwinkel versenkt eingelassen und wird mit einem 6-mm-Inbus bedient.*

***Unten:** Der Lenker wird mit einem oder mehreren Gewindebolzen im Vorbau festgeklemmt. Die kleine Inbus-Madenschraube (links) spreizt das Vorbau-Auge, damit der Lenker sich leicht durchschieben läßt.*

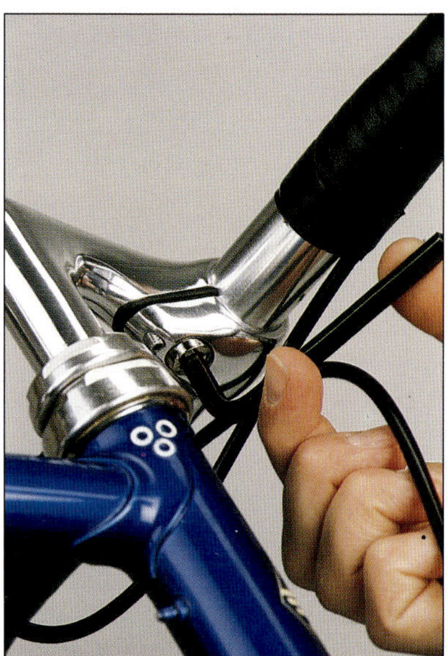

3. Heben Sie das Vorderrad am Lenker vom Boden ab und klopfen Sie mit dem Holzhammer auf den Vorbaubolzen, der sich dann gemeinhin löst. Falls nicht, geben Sie einen Strahl Sprühöl zwischen Vorbau und Steuerkopfkontermutter. Versuchen Sie es nach einer Wartezeit erneut.
4. Klemmen Sie das Vorderrad zwischen Ihre Knie. Achten Sie darauf, daß es in Geradeausrichtung steht. Stellen Sie den Lenker auf die gewünschte Höhe und fixieren Sie ihn mit einer Hand.
5. Bei der Höheneinstellung des Lenkers dürfen Sie die maximal zulässige Auszugshöhe des Vorbaus nicht überschreiten. Die entsprechende Markierung muß sich immer unterhalb der Steuerlagerkontermutter befinden, da der Vorbau sonst nicht mehr sicher gehalten wird.
6. Während Sie Lenker und Laufrad fixieren, drehen Sie den Vorbaubolzen fest an.
7. Überprüfen Sie die Einstellung. Nehmen Sie erforderliche Korrekturen vor.
8. Falls Sie die Bremse geöffnet hatten (siehe Schritt 1), schließen Sie diese wieder und stellen sie ein.

Lenkerbefestigung

Die Verbindung von Lenker und Vorbau muß so fest sein, daß sich der Lenker nicht unbeabsichtigt verdrehen kann. Sie erreichen dies durch Anziehen des Gewindebolzens des Vorbau-Klemmauges, wozu Sie einen 5- oder 6-mm-Inbus bzw. bei älteren Rädern einen 13-mm-Gabelschlüssel benötigen.

Vorbaumontage mit Lenker

Lenker und Vorbau müssen demontiert werden, um das Steuerlager zu warten oder die Gabel auszubauen. Das separate Abnehmen von Vorbau und Lenker wird später beschrieben.

Werkzeug und Ausrüstung:
5- o. 6-mm-Inbusschlüssel (bei älteren Rädern: 11-mm-Gabelschlüssel)
Lappen
Fett
evtl. (Holz-)Hammer

Ausbau:

1. Entspannen Sie die Bremszüge und hängen Sie sie aus den Bremsgriffen aus.
2. Mit Inbus- bzw. Gabelschlüssel wird der Vorbaubolzen 3 - 4 Umdrehungen gelockert.
3. Heben Sie das Vorderrad am Lenker vom Boden ab und klopfen mit dem Holzhammer auf den Vorbaubolzen, wobei der Vorbau sich in der Regel lockert. Sonst wird Kriechöl in den Spalt zwischen Vorbau

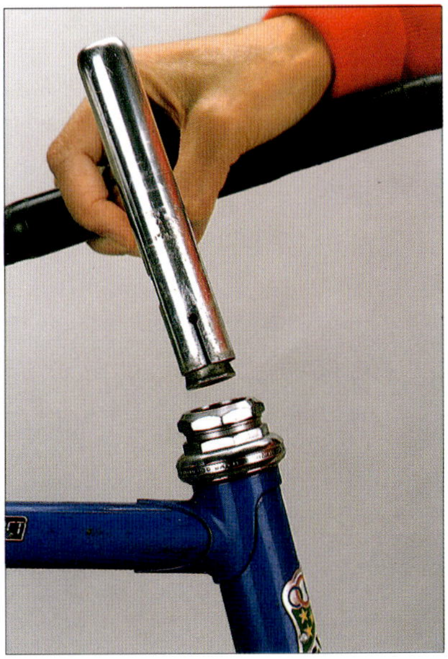

Oben: ***Beachten Sie die Mindesteinschubmarke des Vorbaus.***

Unten: Aufspreizen des Vorbau-Auges durch Anziehen der Madenschraube.

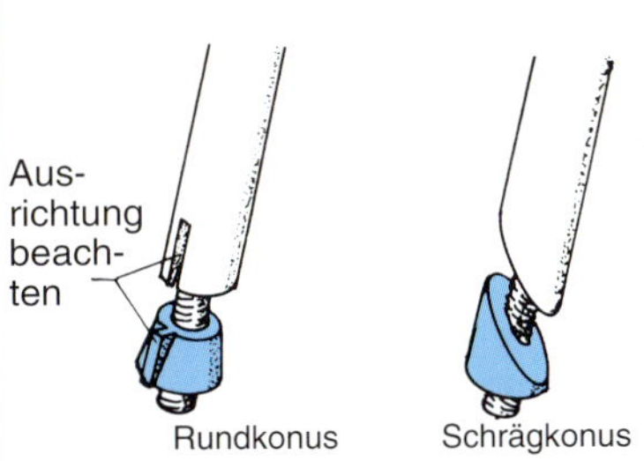

Abb. 8.2
Unterschiedliche Vorbau-Klemmkonen

und Lenklagerkontermutter gesprüht und der Versuch nach einer Wartezeit wiederholt.

4. Ziehen Sie Lenker und Vorbau zusammen aus dem Steuerrohr heraus.

Einbau:

1. Reinigen Sie Vorbauschaft und das Innere des Gabelschaftes mit einem sauberen Tuch. Fetten Sie Klemmkonus und Vorbauschaft, soweit dieser im Gabelschaft zu sitzen kommt, damit Korrosion vorgebeugt wird und sich nachfolgende Einstellungen bzw. ein erneuter Ausbau leicht bewerkstelligen lassen.
2. Ziehen Sie den Vorbaubolzen so weit an, daß ein Keilkonus korrekt ausgerichtet ist und an der Vorbauschaftschräge anliegt, aber sich der Vorbauschaft noch im Gabelschaft bewegen läßt.
3. Bei einem Rundkonus muß die Nase des Konus mit dem Schlitz des Vorbauschaftendes fluchten.
4. Schieben Sie den Vorbau bis zur gewünschten Höhe in den Gabelschaft. Achten Sie darauf, daß die Markierung für die maximale Auszugshöhe von der Steuerlagerkontermutter verdeckt bleibt, damit der Vorbau sicher gehalten wird.
5. Nehmen Sie das Vorderrad zwischen die Knie. Achten Sie darauf, daß es in Geradeausrichtung steht. Bringen Sie den Lenker nach Höhe und Seitenrichtung in seine korrekte Position. Halten Sie ihn mit einer Hand fest.
6. Fixieren Sie weiterhin den Lenker. Drehen Sie mit der anderen Hand mittels Schlüssel den Vorbaubolzen fest.
7. Kontrollieren Sie die korrekte Positionierung des Lenkers. Korrigieren Sie ggf. erneut.
8. Hängen Sie die Bremszüge wieder in den Griffen ein. Justieren Sie die Bremse, wie in Kapitel 5 beschrieben.

Vorbau-/Lenkermontage separat

Dieser Schritt fällt an, wenn der Lenker ernsthaft beschädigt wurde oder Sie einen anderen Lenker oder Vorbau montieren möchten. Achten Sie immer darauf, daß Lenker- und Vorbaudurchmesser zueinander passen. Beim Ausbau des Vorbaus sollten Sie erst den Lenker und dann den Vorbau demontieren, damit Sie das Fahrrad als Hebel benutzen können.

Werkzeug und Ausrüstung:

3- bis 6-mm-Inbusschlüssel, bei älteren Rädern 11- bis 13-mm-Gabelschlüssel

kleiner und mittlerer Schraubendreher

Oben: Demontage des Lenkers.

Mitte: Lenkerband am Bremshebel.

Unten: Lenkerstopfenmontage.

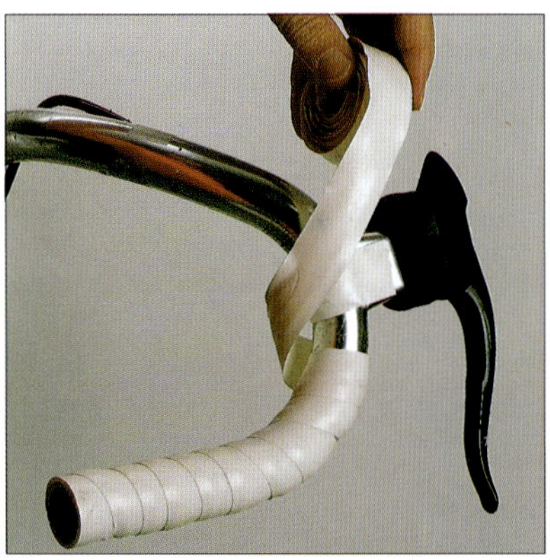

Ausbau:

1. Entfernen Sie Lenkerband oder -griffe, Brems- bzw. Schalthebel und sonstige am Lenker montierte Teile von diesem. Entspannen Sie zuvor die zugehörigen Züge.
2. Drehen Sie die Klemmschraube(n) aus dem Vorbau-Auge heraus.
3. Falls vorhanden, ziehen Sie die Madenschraube an, um das Auge zu spreizen, damit es den Lenker freigibt. Sonst hebeln Sie mit dem großen Schraubendreher das Vorbau-Auge weit genug auf und ziehen den Klemmbereich des Lenkers aus dem Vorbau.
4. Drehen Sie den Lenker in die geeignetste Richtung, um ihn aus dem Vorbau herauszuziehen, und nehmen Sie ihn ab.

Einbau:

1. Nehmen Sie die Klemmschraube(n) aus dem Vorbau-Auge.
2. Schieben und drehen Sie den Lenker in den Vorbau, bis sein Klemmbereich erreicht ist. Weiten Sie jetzt das Vorbau-Auge mit großem Schraubendreher oder, so vorhanden, mittels Madenschraube und Inbusschlüssel auf.
3. Schieben Sie den Lenker in seine endgültige Position.
4. Ziehen Sie die Klemmschraube(n) der Vorbauschelle erst nur so weit an, daß der Lenker eben gehalten wird.
5. Stellen Sie die Lenkerposition exakt ein und halten Sie den Lenker gut fest, während Sie die Klemmschraube(n) richtig anziehen. So vorhanden, muß vorher die Inbusmadenschraube wieder herausgedreht werden, damit sich das Auge überhaupt schließen kann!
6. Bringen Sie Griffe, Hebel etc. wieder am Lenker an.
7. Überprüfen Sie die Lenkerposition. Nehmen Sie ggf. erforderliche Korrekturen vor.
8. Falls vorhanden, wird die Inbusmadenschraube angezogen, damit sie nicht verloren geht.

Lenkerband

Rennlenker sind in der Regel mit Lenkerband umwickelt. Ein Ersetzen des Bandes kann anstehen, wenn es beschädigt oder verschmutzt ist. Zum Austauschen des Vorbaus, eines Bremsgriffes oder einer am Lenker verlegten Bremszughülle muß das Lenkerband entfernt und hinterher neu gewickelt werden. Wählen Sie entweder Kork-, Plastik- oder Textilband ohne Selbstklebebeschichtung oder nehmen Sie Band mit einem schmalen Klebestreifen in der Mitte seiner Unterseite. Sie benötigen pro Lenkerseite mindestens eine Rolle Band. Lenkerband wird heutzutage normalerweise mit zwei kurzen, vorgeschnittenen Zusatzstückchen geliefert, die am Bremsgriffkörper angebracht werden, wo das Lenkerrohr sonst nicht vom Band bedeckt würde.

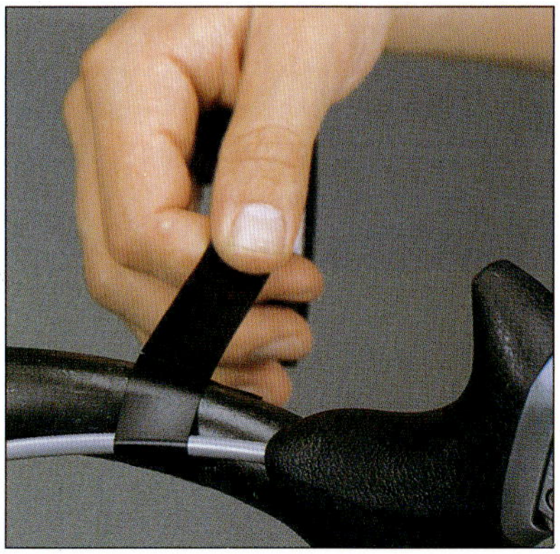

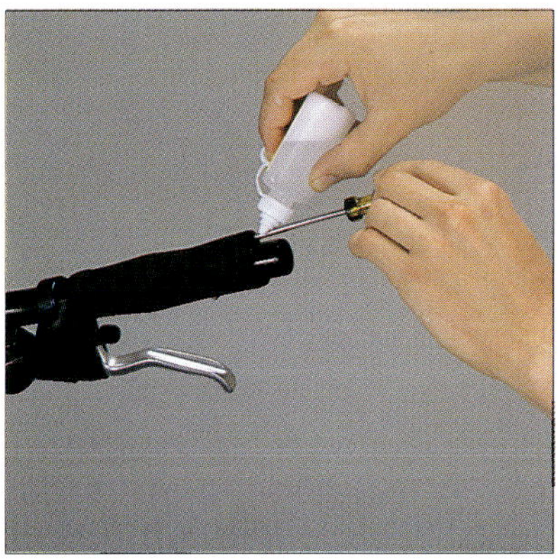

Oben: Befestigen Sie Züge mit Klebeband am Lenker.

Mitte: Demontage eines festsitzenden Griffes.

Unten: Lenkerhörnchen sitzen mit einer Schelle außen auf dem Lenker oder werden mit Klemmkeilen im Rohrinnern befestigt.

Arbeitsschritte:

1. Entfernen Sie Lenkerstopfen und das alte Band. Selbstklebendes Band muß evtl. aufgeschnitten werden; anschliessend säubern Sie mit Spiritus den Lenker. Schlagen Sie die Gummihauben der Bremsgriffkörper so um, daß das Rohr freiliegt. Kleben Sie die kurzen Bandstückchen quer um das Lenkerrohr bis auf beide Bremsgriffkörperseiten.
2. Bei Selbstklebeband beginnen Sie ca. 7 cm neben dem Vorbau und arbeiten auf die Lenkerenden zu. Jede Wicklung muß die vorherige großzügig überlappen. Um die Bremsgriffkörper wird das Band in einem X-Gang herumgeführt.
3. Bei nicht klebendem Band beginnen Sie an den Lenkerenden, in die Sie die Bandenden stecken. Arbeiten Sie in Richtung auf die Lenkermitte. Die Wicklungen müssen sich wiederum überlappen. Sichern Sie den Bandabschluß mit Klebestreifen.
4. Bringen Sie die Lenkerstopfen an. Weisen diese eine Schraube auf, wird letztere anschließend angezogen.

Lenkergriff-Montage

Eine Demontage der Lenkergriffe kann z.B. beim Wechsel auf ein bequemeres Griffmodell anstehen. Weiterhin müssen Griffe zum Ausbau des Vorbaus oder Lenkers abgenommen werden.

Werkzeug und Ausrüstung:
kleiner Schraubendreher
Lappen
Geschirrspülmittel
heißes Wasser
Spezialkleber oder Haarspray

Arbeitsschritte:

1. Falls die Griffe festsitzen, heben Sie deren Rand mit dem Schraubendreher an und spritzen Spülmittel unter den Griff.
2. Vor dem Wiederanbau eines Griffes werden Spülmittelreste entfernt, damit der Griff später nicht rutscht.
3. Tauchen Sie die Griffe in heißes Wasser, bevor Sie sie auf den Lenker schieben, oder tragen Sie den Klebstoff auf, der manchen Griffen beiliegt. Der Kleber, solange er noch flüssig ist, erleichtert das Aufschieben der Griffe; später sichert er sie gegen Verdrehen bzw. Abrutschen.

Lenkerhörnchen

Der normale MTB-Lenker bietet vielen Radlern nicht genügend Griffpositionen. Zusatzgriffe bieten Abhilfe. Manche werden im Lenkerrohr wie ein Vorbau per Zugkeil und Gewindebolzen verriegelt, während andere Modelle das Rohr wie ein Vorbau-Auge von außen umgreifen. Schneiden Sie zunächst das Ende des Lenkergriffes ab bzw. auf. Bringen Sie dann das

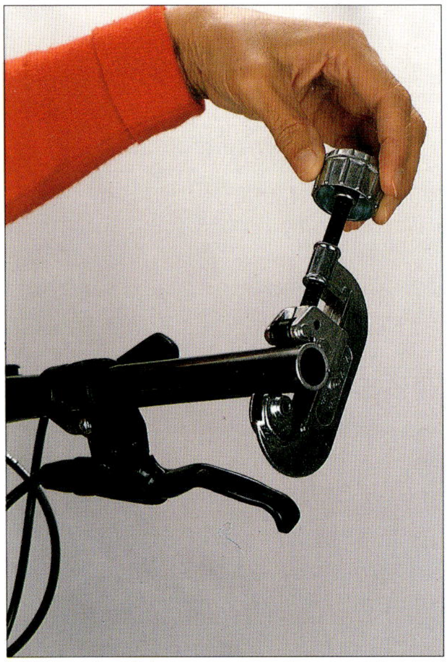

Überlange MTB-Lenker lassen sich entsprechend kürzen. Achten Sie aber darauf, daß Sie von beiden Enden gleich viel absägen.

Lenkerhörnchen an und sichern es durch Anziehen der Inbusschraube, die den Zugkeil im Rohr verriegelt bzw. das Auge zuzieht. Der Zusatzgriff muß fest sitzen, damit er auch unter Last nicht nachgibt, und er muß zum Durchmesser Ihres Lenkerrohres passen. Ferner muß Ihr Lenker für die Anbringung von Zusatzgriffstücken freigegeben sein. Einige besonders gewichtsoptimierte Lenker sind hierfür z.B. nicht stabil genug.

Lenkerbreite

Viele MTBs werden immer noch mit viel zu breiten Lenkern ausgeliefert. Wenn Sie nicht sehr breitschultrig sind, können Sie den Lenker auf 55 cm Breite kürzen. In keinem Fall aber sind mehr als 60 cm erforderlich. Der Lenker kann im montierten Zustand gekürzt werden. Nehmen Sie entweder einen Rohrschneider (in der Abteilung für Installateur-Bedarf im Baumarkt) oder eine Metallsäge. Lassen Sie bei der ersten Fahrt mit gekürztem Lenker Vorsicht walten, bis Sie sich an das veränderte Steuerverhalten gewöhnt haben.

Werkzeug und Ausrüstung:
Rohrschneider oder Metallsäge
Lenkerband
Schlichtfeile

Arbeitsschritte:

1. Entfernen Sie die Lenkergriffe. Messen und markieren Sie an beiden Lenkerenden gleichlange Stücke, die entfernt werden sollen.
2. Bei Verwendung einer Säge wickeln Sie eine Windung Klebeband um den Lenker als Orientierungshilfe für einen geraden Schnitt.
3. Ein Helfer sollte Rad und Lenker festhalten. Stellen Sie sich beim Sägen so, daß Sie absolut gerade sägen können.
4. Versäubern Sie die Schnittkanten mit der Feile.
5. Bauen Sie abgenommene Komponenten wieder am Lenker an.

Steuersatz

Der Steuersatz ist das Bindeglied zwischen Rahmen und Lenkung. Er besteht aus je einem Lager an den Enden des Steuerrohres. Das untere Lager sitzt zwischen Gabelkopf und dem unteren Ende des Steuerrohres. Das obere Lager ist einstellbar. Die verstellbaren Komponenten werden auf den Gabelschaft geschraubt. Aus der obersten Komponente, der Kontermutter, tritt der Vorbau aus.

Bei fast allen Straßenmaschinen hat das Steuerlager den gleichen Durchmesser (1 Zoll) und ist kompatibel. Bei Mountainbikes gibt es neben dem Einzöllermaß noch verschiedene Übergrößen, z.B. 1 1/8 und 1 1/4 Zoll, aber auch herstellergebundene Sondergrößen. Achten Sie bei Ersatzbeschaffung auf die richtige Größe. Das nominelle Maß richtet sich nach dem Außendurchmesser des Steuerrohres. Unterschiedliche Größen erfordern auch unterschiedliches Sonderwerkzeug.

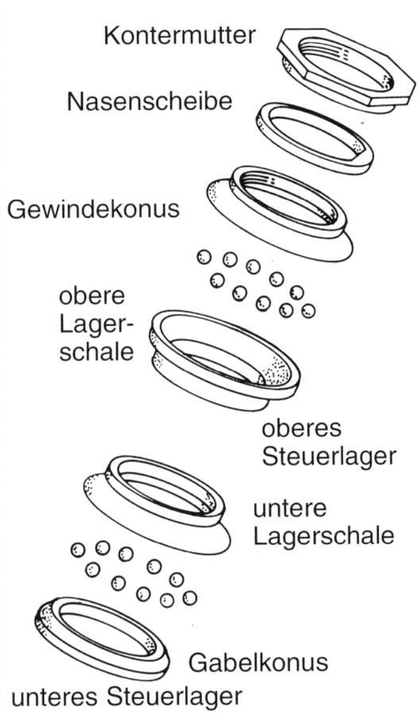

Abb. 8.3 Steuersatz-Komponenten

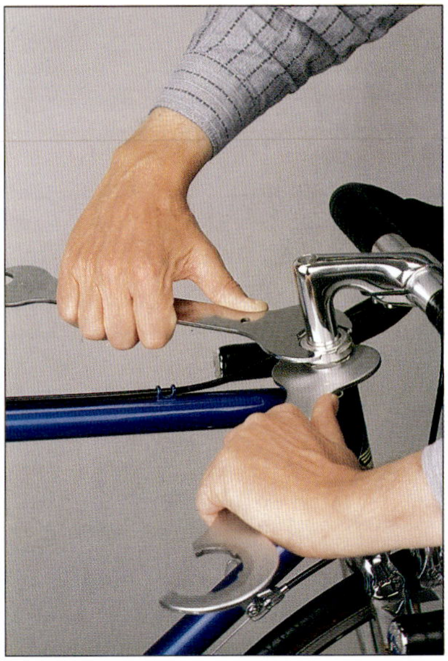

Oben: Justieren des Steuerlagers.
Mitte: Abnehmen der Kontermutter.
Unten: Nasenring zwischen Kontermutter und freier Lagerschale.

Beim oberen Steuerlager ist entweder der Konus fest und die Schale verstellbar oder umgekehrt. Wir gehen von letzterem Fall aus. Grundlegende Unterschiede in der Behandlung ergeben sich nicht.

Im Wege der Routinewartung wird das Steuerlager gelegentlich geschmiert und eventuell generalüberholt. Wenn dem Lager trotz Einstellen seines Spieles nicht mehr zu befriedigender Funktion verholfen werden kann, muß das Lager ggf. ausgetauscht werden.

Steuersatz-Justierung

Läuft die Lenkung rauh, oder hat sie Spiel, sollte das Problem zuerst durch Einstellen des Lagers angegangen werden. Hilft dies nicht, könnten die Lagerflächen beschädigt sein, entweder durch zu stramme Einstellung oder durch Fahrbahnstöße. In diesem Fall gehen Sie über zur nächsten Tätigkeit, der *Steuersatz-Wartung*.

Werkzeug und Ausrüstung: Steuerkopfschlüssel (oder einstellbare Schraubenschlüssel geeigneter Größe)

Arbeitsschritte:

1. Lösen Sie die Kontermutter um eine Umdrehung bzw. bei Vorhandensein einer darunter befindlichen Scheibe soweit, daß letztere freikommt. Wird die Kontermutter mit einer Madenschraube gesichert, ist diese zuerst zu lösen.
2. Heben Sie die Scheibe unter der Kontermutter weit genug an, daß sich der unter der Scheibe befindliche Schraubkonus bewegen läßt.
3. Justieren Sie den Konus in Schritten von je einer Achtelumdrehung in die erforderliche Richtung, um das Lagerspiel zu vermindern oder zu erhöhen. Der Konus läßt sich in der Regel ohne Schlüssel von Hand verstellen.
4. Klemmen Sie das Vorderrad zwischen den Knien fest. Fixieren Sie den Konus mit dem Schraubenschlüssel.
5. Drücken Sie die Scheibe an ihren Platz und ziehen Sie die Kontermutter an, ohne hierbei den Konus zu verstellen.
6. Überprüfen Sie das Ergebnis. Justieren Sie ggf. erneut, wie vorstehend beschrieben.
7. Weist die Kontermutter eine Madenschraube auf, wird diese jetzt angezogen, damit sich die Mutter nicht unabsichtlich lokkern kann.

Anmerkung:
Um eine Kontrolle über das Maß der Verstellung zu erhalten, bringen Sie übereinanderstehende vertikale Markierungslinien an Konus und Steuerrohr an, bevor Sie das Lager justieren. Drehen Sie dann den Konus schrittweise um je 6 mm nach links (von oben gesehen), um das Lagerspiel zu erhöhen, bzw. rechts, wenn das Lager enger gestellt werden soll.

Oben: Der Gabelkonus wird gesäubert und geprüft.
Mitte: Lagerteile werden gefettet.
Unten: Montage des Steuerlagers.

Steuersatz-Wartung

Wenn ein Justieren des Lagers das Problem nicht beseitigt, müssen das Lager zerlegt, seine Teile inspiziert und geschmiert bzw. beschädigte Komponenten ersetzt werden. Die nachfolgenden Arbeitsschritte sind ebenfalls auszuführen, wenn Lager oder Gabel ausgetauscht werden sollen. Zunächst werden Vorbau und Lenker zusammen abgenommen, wie zuvor beschrieben. Bei einer Canti- oder Mittelzugbremse wird zunächst der Bremszug ausgehängt bzw. entspannt.

Werkzeug und Ausrüstung:
Steuerkopfschlüssel (oder einstellbare Schraubenschlüssel geeigneter Größe)
Lagerfett
Lappen

Zerlegen:

1. Drehen Sie die Kontermutter des Lagers ab. Falls vorhanden, wird zunächst ihre Klemmschraube gelöst.
2. Heben Sie die Sicherungsscheibe nach oben ab.
3. Drücken Sie die Gabel nach oben, während Sie den Konus abschrauben.
4. Entfernen Sie die Kugeln, die sich normalerweise in einem Käfig befinden.
5. Ziehen Sie die Gabel aus dem Rahmen und fangen Sie die Kugeln des unteren Lagers auf. Auch sie sitzen meist in einem Käfig. Bei losen Kugeln achten Sie darauf, alle einzusammeln. Messen Sie ihre Größe. Diese kann vom Hersteller und Durchmesser des Lagers abhängen.

Überprüfen und warten:

1. Kontrollieren Sie alle Komponenten auf Korrosion, Verschleiß, Riefen und Katerung. Unregelmäßige Schlagmarken in den Lagerlaufflächen, die von Fahrbahnstößen herrühren, sind besonders gefährlich. Sie werden durch falsche Lagereinstellung gefördert bzw. verschlimmert. Das Steuerlager ist monatlich zu kontrollieren und ggf. zu justieren.
2. Weisen die Laufflächen ernsthaften Schaden auf, wird das gesamte Lager erneuert. Immer ersetzt werden dagegen die Kugeln. Achten Sie auf Anzahl und Größe. Ob sich die Kugeln in einem Käfig befinden oder nicht, spielt dagegen keine Rolle.
3. Wenn das gesamte Lager ersetzt werden muß, lassen Sie Gabelkonus und obere Schale vom Fachgeschäft auswechseln. Hierzu wird Spezialwerkzeug benötigt.

Einbau:

1. Die gereinigten alten bzw. erneuerten Lagerschalen werden mit Fett gefüllt.
2. Stellen Sie den Rahmen auf den Kopf und plazieren Sie die Kugeln lose oder im Käfig in die Schale des unteren

Die Kugeln werden im Käfig aufgelegt und die Schale wird beim Anziehen der Mutter fixiert.

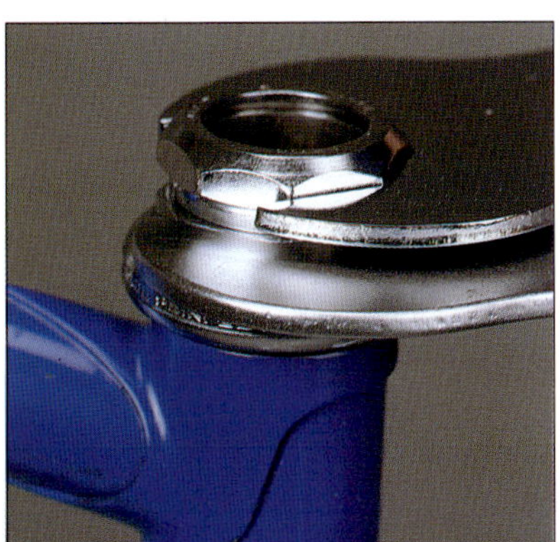

Lagers (jetzt nach oben weisend). Ein Käfig muß so eingelegt werden, daß nur die Kugeln die Lagerflächen berühren, nicht aber der Metallring des Käfigs.

3. Schieben Sie den Gabelschaft in das Steuerrohr.
4. Halten Sie die Gabel fest und drehen Sie den Rahmen wieder in aufrechte Lage.
5. Legen Sie den oberen Kugelkäfig richtig herum in die gefettete Schale oder betten Sie die losen Kugeln ringförmig in das Fett.
6. Drehen Sie den Konus von Hand auf das Gewinde des Gabelschaftes. Vorsicht bei käfiglosen Kugeln.
7. Setzen Sie den Nasenring, korrekt auf den Frässchlitz des Gabelschaftes ausgerichtet, über den Konus, dito einen eventuell im Lager verankerten Gegenhalter des Vorderbremszuges.
8. Schrauben Sie die Kontermutter auf das Gabelschaftgewinde, aber ziehen Sie die Mutter noch nicht fest an.
9. Setzen Sie das Vorderrad ein.
10. Stellen Sie das Lager ein, wie zuvor beschrieben. Hierbei ist Sorgfalt angebracht: Falsche Einstellung kann das Lager ruinieren oder das Fahrverhalten des Rades negativ beeinflussen.
11. Setzen Sie Vorbau und Lenker ein und justieren Sie diese nach Höhe und Seite. Justieren Sie, falls erforderlich, die Bremse.
12. Ziehen Sie, falls vorhanden, die Klemmschraube der Steuerlagerkontermutter an.

Gabel

Gabeln gibt es in vielen verschiedenen Größen. Einige haben französische oder italienische Gewindenorm. Die Länge des Gabelschaftes muß auf die Länge des Steuerrohres abgestimmt werden, und die Länge der Gabelscheiden muß zum Radumfang passen.

Läßt sich beim Einschlagen des Lenkers Widerstand spüren, obwohl beim Geradeauslauf alles in Ordnung erscheint, ist dies ein Anzeichen für einen verbogenen Gabelschaft, in der Regel als Folge eines Aufpralles auf ein Hindernis. Achten Sie bei der Ersatzgabel darauf, daß die Position der Bremssockel zu Ihrer Vorderbremse paßt. Die richtige Länge des Gabelschaftes wird ermittelt durch Addition von Steuerrohrlänge und Einbaumaß des Steuerlagers, abzüglich 2 mm. Der neue Gabelschaft kann ggf. gekürzt werden, darf aber umgekehrt keinesfalls kürzer sein als der der alten Gabel.

Gabelprüfung und -montage

Ein schwerer Sturz oder unerklärlich schlechtes Fahrverhalten sind Anlaß, die Gabel zu kontrollieren und erforderlichenfalls zu ersetzen. Für die typischen Schadensbilder reicht eine optische Überprüfung. Obwohl es manchmal möglich ist, eine verbogene Gabel zu richten, sollte sie besser ersetzt werden. Dies schafft Sicherheit und könnte einen schweren Sturz vermeiden helfen. Muß der Gabelschaft zum Einbau der neuen Gabel

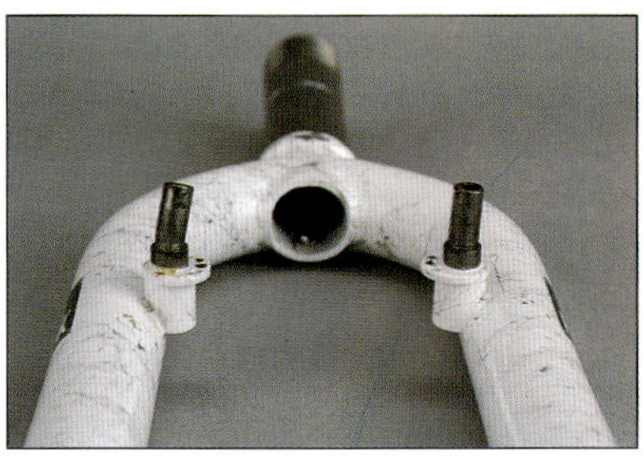

Oben: Die Gabel wird aus dem Steuerrohr gezogen.
Mitte: MTB-Gabel mit verbogenen Bremssockeln.
Unten: Der Austausch von Gabelkonus und oberer Festschale erfordert Spezialwerkzeug.

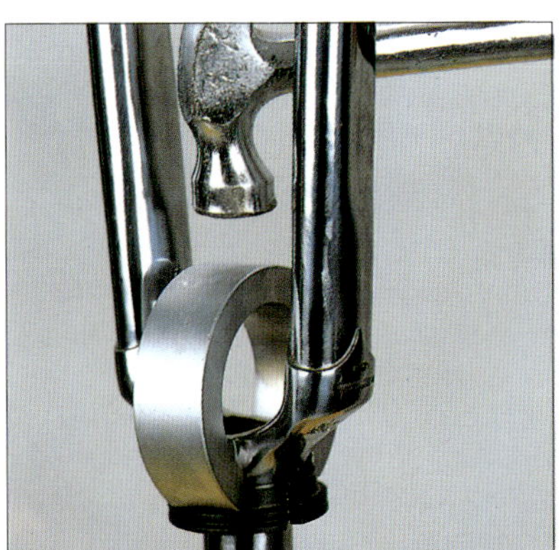

gekürzt werden, überlassen Sie dies besser dem Fachgeschäft, da häufig hierbei das Gewinde nachgeschnitten werden muß.

Wollen Sie die Arbeit selbst durchführen, drehen Sie zunächst die Kontermutter als Orientierungshilfe für einen geraden Schnitt auf. Sägen Sie lieber zu wenig als zu viel ab. Geringfügige Überlänge läßt sich wegfeilen oder durch eine zusätzliche Scheibe kompensieren. Ein zu kurzer Gabelschaft dagegen macht die Gabel für Sie wertlos. Feilen Sie die Grate nach dem Sägen ab, bevor Sie die Gabel einsetzen.

Werkzeug und Ausrüstung:
3- bis 6-mm-Inbusschlüssel
Steuerkopfschlüssel oder große einstellbare Schraubenschlüssel

Arbeitsschritte:

1. Hängen Sie den vorderen Bremszug aus und bauen Sie die Bremse ab. Nehmen Sie das Vorderrad heraus.
2. Bauen Sie Vorbau mit Lenker aus.
3. Zerlegen Sie das obere Steuerlager, wie auf S. 98 beschrieben.
4. Bauen Sie die Gabel aus (siehe ebenfalls S. 98).
5. Nehmen Sie die alte Gabel als Muster mit, wenn Sie Ersatz besorgen.
6. Bauen Sie die Gabel ein und setzen Sie das Steuerlager wieder zusammen (siehe S. 98 und 99).
7. Bauen Sie Vorbau und Lenker wieder ein, wie zuvor beschrieben.
8. Installieren Sie die Vorderbremse und hängen Sie den Zug wieder ein.
9. Bauen Sie das Vorderrad ein.
10. Überprüfen / justieren Sie alle beteiligten Komponenten: Steuerlager, Vorbau, Lenker, Vorderbremse.

Federgabelwartung und -montage

In letzter Zeit sind Federgabeln im MTB-Bereich populär geworden. Es gibt zu viele verschiedene Modelle, als daß man hier ihre Wartung im Detail beschreiben könnte.

Der wichtigste Rat lautet, Federgabeln penibelst sauber zu halten, besonders an der Stelle, wo das innere Rohr in das äußere eintritt. Dringt hier Schmutz ein, erreicht dieser früher oder später bei ölgedämpften Gabeln die Dichtungen und verursacht Leckagen, die zu unzureichender Stoßdämpfung führen. Bei nichthydraulischen Gabeln kann eindringender Schmutz die Beweglichkeit des Mechanismus einschränken oder unterbinden, wodurch das Fahrverhalten unberechenbar wird.

Federgabeln müssen regelmäßig auf freie, aber spielfreie Beweglichkeit aller Komponenten kontrolliert und das Lenkverhalten beobachtet werden. Falls Ihre Kontrolle über das Vorderrad eingeschränkt zu sein scheint, liegt es wahrscheinlich an einer Fehlfunktion des Gabelmechanismus. Arbeiten, die über das Reinigen und Justieren der Gabel hinausgehen, sollten Sie einem Fahrradmechaniker überlassen, der sich mit Federgabeln auskennt.

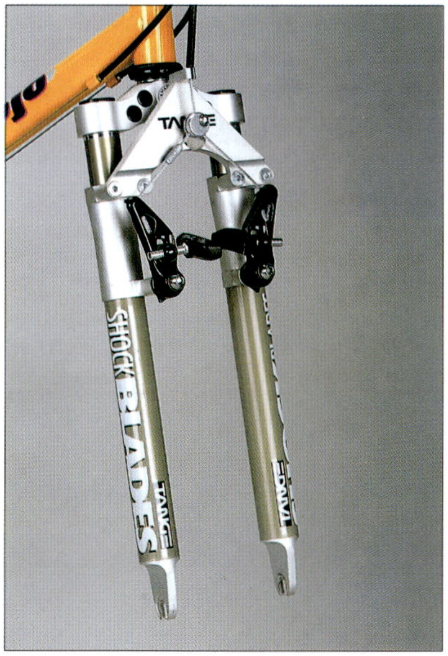

Oben: Typische Teleskop-Federgabel für MTB. Beachten Sie die bogenförmige Brücke, die die beweglichen Teile beider Gabelscheiden parallel führt.

Unten: In der Regel lassen sich Elastomer-Federgabeln zerlegen, um die Dämpfungselemente gegen härtere oder weichere Versionen auszutauschen

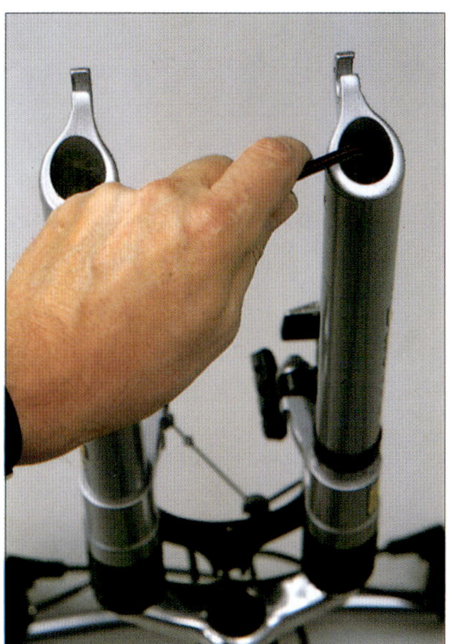

Alternativ bitten Sie den Hersteller Ihrer Gabel um eine detaillierte Wartungsanleitung.

Der Einbau einer Federgabel erfolgt in gleicher Weise wie der einer normalen Gabel. Wenn Sie eine beschädigte Normalgabel durch eine Federgabel ersetzen möchten, achten Sie auf richtige Länge und Durchmesser des Gabelschaftes. Am besten nehmen Sie die alte Gabel mit ins Geschäft, damit ein Fachmann Maß nehmen kann. Beachten Sie, daß verschiedene Hersteller nur Naben mit verstärkter Achse zum Einbau in Federgabeln freigeben. Nach dem Einbau fahren Sie die Gabel Probe. Fühlt sich das Lenkverhalten schwammig an, kontrollieren Sie nochmals alle beteiligten Komponenten. Falls Sie dem Fehler nicht selbst auf die Spur kommen können, bringen Sie das Rad in die Werkstatt.

Elastomer-Federgabel

Die meisten dieser Gabeln weisen Drehknöpfe oder Skalen auf, mit denen die Friktionsdämpfung justiert werden kann. Die Gabel läßt sich zerlegen, um die Gummielemente auszutauschen. Alle Veränderungen müssen symmetrisch ausgeführt werden, damit die Abstimmung beider Gabelseiten gleich bleibt. Generell benötigen schwere Fahrer härtere Federelemente und größere Dämpfung als leichte. Fühlt sich die Federung zu weich an, drehen Sie den Einstellknopf im Uhrzeigersinn, um die Dämpfung zu erhöhen. Verstellen Sie im Gegenuhrzeigersinn, um die Gabel weicher abzustimmen. Probieren Sie verschiedene Einstellungen aus, um die für Sie vorteilhafteste herauszufinden.

Um die Federelemente auszuwechseln, bauen Sie das Vorderrad aus und zerlegen die Gabelscheiden. Dies geschieht bei den meisten Modellen mittels einer großen Schraubkappe am oberen Ende. Ziehen Sie das bewegliche Innenrohr heraus. Zum Vorschein kommt eine Art Kolben, der zwischen Gummielementen montiert ist. Die Elemente weisen eine Farbcodierung als Nachweis ihres Härtegrades auf. Generell sind die härtesten weiß, mittelharte gelb und weiche rot. Bei der Auswahl der für Sie richtig erscheinenden Kombination beachten Sie Ihr Gewicht und Fahrverhalten und wie sich die Gabel vor dem Umbau verhielt. Sie können verschiedene Härtegrade mischen und kombinieren; die härtesten Elemente kommen dann nach außen, während die weichen innen plaziert werden. Bauen Sie die Gabel zusammen und unternehmen Sie eine Testfahrt. Ggf. stimmen Sie die Gabel erneut ab.

Gasdruck-Federgabel

Dieser Typ Federgabel (prominentester Vertreter: Rock-Shox) ist technisch der aufwendigste und damit auch der empfindlichste. Die Federungshärte wird durch die Höhe des Gasdrucks bestimmt. Je nach Modell und Hersteller handelt es sich um Stickstoff oder einfach Luft. Modelle mit Luft lassen sich mit einem Kompressor oder einer Pumpe mit jeweils passendem Adapter über ein simples Ventil regulieren (Auto- oder Fußballventil). Um die Federhärte zu vermindern, wird Luft durch Eindrücken des Ventilstiftes abgelassen. Hohes Fahrergewicht, anspruchsvolles Gelände und große Geschwindigkeiten erfordern höheren Druck als ein leichter Fahrer, ebenes Terrain und geringeres Tempo.

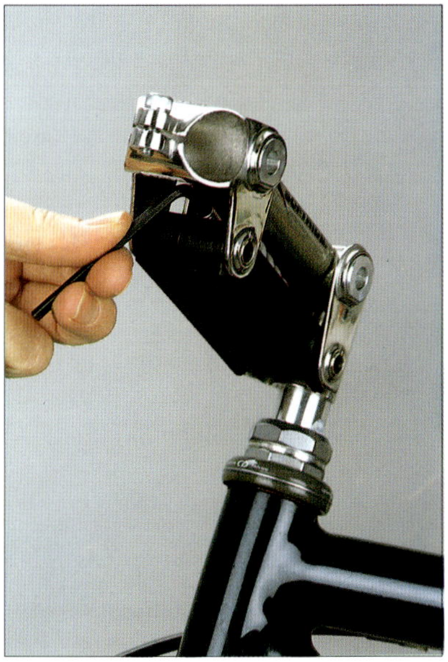

Dieser Federvorbau bietet erstklassige Stoßdämpfung und läßt sich leicht an jedem beliebigen Fahrrad montieren. Seine Wirkung beruht auf einer Schraubenfeder, deren Vorspannung - wie hier gezeigt - eingestellt werden kann.

Die Dämpfung dieser Gabeln erfolgt über einen hydraulischen Stoßdämpfer, d.h. einen Kolben mit einer kleinen Bohrung, der sich in einem ölgefüllten Zylinder auf- und abbewegt. In einem gewissen Maß läßt sich die Dämpfung an der Skala des Drehknopfes einstellen - je höher die Zahl, desto stärker die Dämpfung. Reicht der Verstellumfang nicht aus, können Sie die Dämpfung noch durch Austausch der Ölfüllung gegen eine solche mit höherer Viskosität verstärken. Zum Einsatz kommt hier Automatik-Getriebeöl (ATF), das man im KFZ-Bedarfshandel beziehen kann. Je höher die Viskosität und ihre Zahlenangabe, desto stärker die Dämpfung.

Sonstige Federungen

Die einfachste Art der Federung stellt der gefederte Vorbau dar, von dem diverse Modelle erhältlich sind. Meist wird eine Schraubenfeder verwendet in Kombination mit Gummielementen, die den Endanschlag abdämpfen. Einfachere Versionen benutzen ausschließlich ein Gummielement zur Federung. Bei den aufwendigsten Ausführungen läßt sich die Vorspannung der Schraubenfeder justieren. Zusätzlich gibt es manchmal noch einstellbare Friktionsmechanismen zum Justieren der Schwingungsdämpfung.

Da ein gefederter Vorbau im Gegensatz zur Federgabel nicht die Lenkgeometrie verändert, kann er auch vom Nicht-Fachmann nachträglich an jedem beliebigen Fahrrad (nicht etwa nur einem Mountainbike) angebracht werden. Es gelten die gleichen Schritte wie zum Ein- und Ausbau eines normalen Vorbaus, wie auf S. 93 / 94 beschrieben.

A-Headset-Steuersatz

Steuersätze nach dem A-Headset-System, die man häufig am MTB findet, vereinfachen dem Monteur das Leben. Es gibt nur eine zentrale (Inbus-) Schraube, die alles zusammenhält und gleichzeitig das Lagerspiel einstellt. Letztgenannte Einstellung ist, da gekapselte Lagereinheiten verwendet werden, zudem noch nicht einmal besonders kritisch, sofern man es mit dem Anzugsdrehmoment nicht allzu sehr übertreibt. Eine Konterung entfällt. Der Gabelschaft weist daher auch kein Gewinde auf.

Statt des Schräg- oder Kegelkonus kommt eine konkave Krallenscheibe am Ende des zentralen Schraubbolzens zum Einsatz, um Gabel und Vorbau gegeneinander zu ziehen und damit zu verbinden. Es versteht sich von selbst, daß die Vorwölbung der Scheibe nach unten zeigt, wenn diese in den Gabelschaft geschoben wird.

Der Preis, den man für die geniale Simplexität des A-Head-Systems zahlt, besteht darin, daß Sie die Lenkerhöhe nicht mehr über ein Verschieben des Vorbaus im Gabelschaft verstellen können. Vielmehr müssen Sie den separat demontierbaren Vorbauausleger gegen einen entsprechend steileren oder flacheren austauschen (und dazu natürlich den Lenker aus dem Vorbau ausbauen). Es gibt auch Vorbauten, bei denen der Winkel des Auslegers verstellbar ist. Nur ändert sich mit dem Winkel natürlich auch wieder die Auslage.

Kapitel 9

Oben: Rennradrahmen in traditioneller Muffenausführung.

Rahmen

Obwohl der Rahmen die größte Einzelkomponente eines Fahrrades darstellt, bedarf er glücklicherweise nur geringer Wartung und selten einer Reparatur. Dennoch auftretende Schäden sind aber meist so schwerwiegend, daß viele Radler bei dieser Gelegenheit sogar gleich zum vollkommen neuen Rad greifen. Dennoch gibt es einige Wartungsarbeiten am Rahmen, die wir hier besprechen werden.

Rahmenbau

Der vordere Teil des Rahmens, der Hauptrahmen, besteht aus Rohren größeren Durchmessers: Oberrohr, Unterrohr, Sitzrohr und Steuerrohr. Der unterste Punkt des Rahmens wird von der Tretlagermuffe gebildet. Der Hinterbau besteht aus parallelen Rohrpaaren dünneren Durchmessers, den Ketten- bzw. Sattelstreben. Jedes Paar wird noch durch eine kurze Querbrücke verbunden.

Traditionell werden die Rohrenden in Muffen geschoben und verlötet. Inzwischen gibt es jedoch auch schon viele muffenlose Rahmen, deren Rohre entweder geschweißt, geklebt oder verlötet sind. Gelötete Rahmen bestehen immer aus Stahl, während bei den anderen Verbindungsmethoden auch alternative Materialien zum Zuge kommen, so z.B. Aluminium, Titan und Kohlefaser.

Unten: Spezialisierte Fahrräder finden immer mehr Verbreitung. Viele erfordern einen besonderen Rahmen, wie dieses Modell mit Hinterbaufederung.

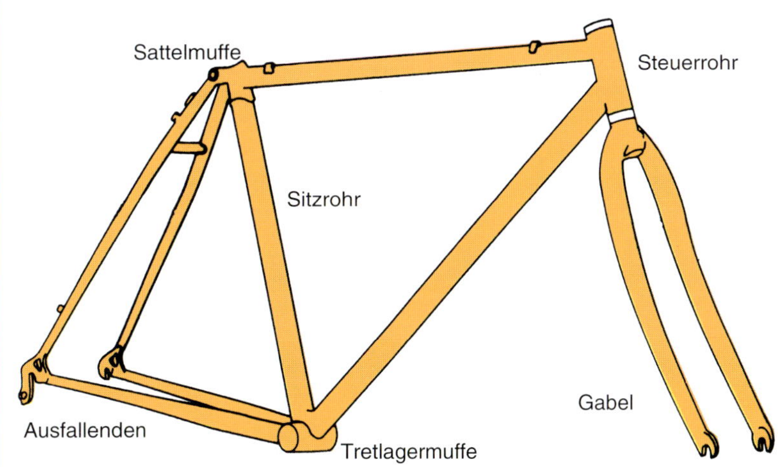

Abb. 9.1 - Rahmen-Komponenten

Zwei Rahmenbaumethoden: Gemufft (oben) oder muffenlos (unten). Letzteres trifft man häufig im MTB-Sektor. Die Rohre sind dann verschweißt oder muffenlos gelötet.

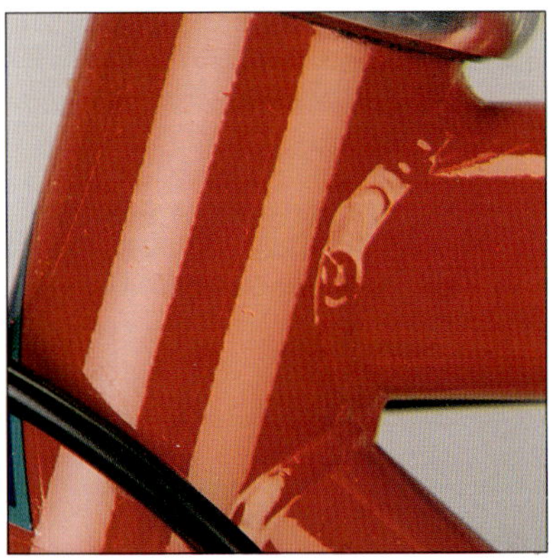

Egal, ob ein Rahmen geschweißt, gelötet oder geklebt ist: Eine Muffe gibt es immer - die Sattelmuffe. Sie ist rückwärts geschlitzt und klemmt mit einer Schraube die Sattelstütze ein. Sattel- und Kettenstreben treffen in flachen Metallstücken zusammen, den Ausfallenden, die die Laufradachse aufnehmen. Das rechte Ausfallende enthält meist auch ein Gewindeauge, an dem das Schaltwerk montiert wird. Schließlich gibt es eine Anzahl von Kleinkomponenten, die Anlötteile. Hierzu gehören Zugführungen und Pumpenklemmspitzen, Gewindeaugen für Flaschenkäfig- und Gepäckträgermontage sowie beim Rennrad die Schalthebelsockel bzw. beim MTB oder Trekking-Rad die Bremssockel.

Rahmen-Schäden

Ein Frontalaufprall kann am Unterrohr Aufwerfungen nach sich ziehen, direkt hinter dem Steuerrohr. Achtet man hierauf nicht, könnte der Rahmen letztlich in gefährlicher Weise kollabieren. Abhelfen kann nur ein Rahmenbauer. Die fällige Erneuerung des Unterrohres lohnt überhaupt nur bei teuren Rahmen.

Andere Rahmenschäden verlaufen weniger dramatisch, sind aber ebenfalls ernst zu nehmen. Durch Kollisionen, Stürze oder andere Gewalteinwirkung kann sich ein Rahmen verziehen. Zur Kontrolle peilen Sie von hinten am Fahrrad entlang und versuchen, Vorder- und Hinterrad zum Fluchten zu bringen. Gelingt dies nicht, sind entweder Rahmen, Gabel oder beide verzogen. Die untenstehende Anweisung erklärt die exakte Überprüfung und mögliche Abhilfe. Auch verbogene Ausfallenden kommen vor. Hierzu folgen untenstehend ebenfalls Hinweise.

Die Möglichkeit des Richtens und Zurückverformens besteht nur bei konventionellen Stahlrahmen. Unterlassen Sie jeden derartigen Versuch bei Alu- und sehr leichten Stahlrahmen (z.B. Reynolds 753, Columbus SL oder Tange Prestige). Moderne geklebte Rahmen bzw. solche aus Kohlefaser kann sogar der versierte Fahrradmechaniker oder Rahmenbauer nicht reparieren.

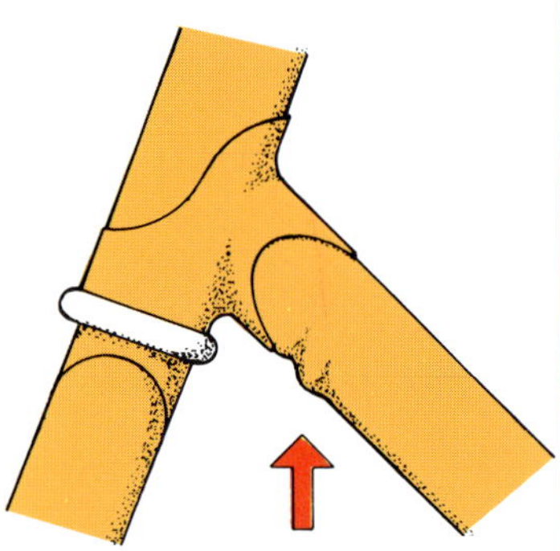

Abb. 9.2
Typische Unterrohr-Aufwerfung

Rahmen-Vermessung

Die folgenden Arbeitsschritte stellen sämtliche ohne größeren Aufwand durchführbaren Prüfmethoden umfassend dar. Zur Beseitigung erkannter Schäden sollten Sie sich stets an ein Fachgeschäft wenden.

Werkzeug und Ausrüstung:
3 m Bindfaden
Lineal oder Schieblehre

Arbeitsschritte:

1. Bauen Sie das Hinterrad aus, wie in Kapitel 7 erklärt.
2. Ziehen Sie den Bindfaden straff von einem Ausfallende um das Steuerrohr bis zum gegenüberliegenden Ausfallende.
3. Messen Sie auf beiden Seiten den Abstand zwischen Schnur und Sitzrohr. Weichen die

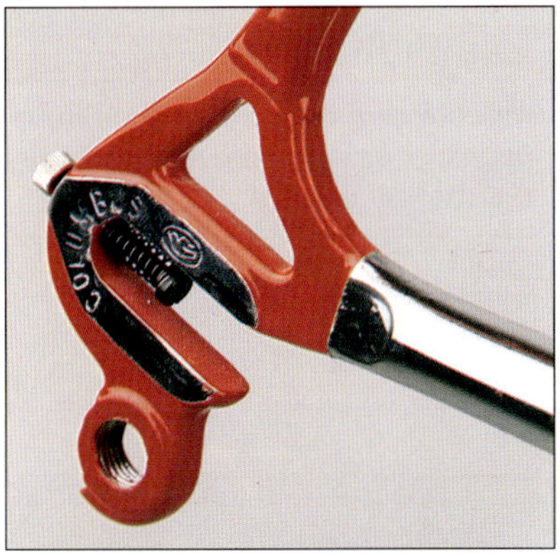

Oben: Typisches rechtes Ausfallende eines hochwertigen Stahlrahmens.
Mitte: Detailaufnahme des Tretlagers eines gemufften Rahmens.

Ergebnisse um mehr als 1 - 2 mm voneinander ab, muß ein Fahrradmechaniker entscheiden, ob der Rahmen gerichtet werden kann. Diese Arbeit sollten Sie nicht selbst in Angriff nehmen.

Ausfallenden-Kontrolle

Schaltprobleme nach einem Sturz können an einem verbogenen Schaltwerkauge am rechten hinteren Ausfallende liegen. Folge eines verbogenen Ausfallendes kann auch sein, daß das Laufrad, obschon selbst offenbar unbeschädigt, nicht mehr mittig läuft. Die Kontrolle, ob die Ausfallenden nach einem Sturz oder rauher Behandlung beim Transport des Rades noch gerade stehen, verläuft folgendermaßen:

Werkzeug und Ausrüstung: 60-cm-Stahllineal

Arbeitsschritte:

1. Bauen Sie das Hinterrad aus, wie in Kapitel 7 beschrieben.
2. Legen Sie ein Linealende bündig am Ausfallende an, während Sie das andere Ende zum Unterrohr zeigen lassen.
3. Messen Sie den Abstand vom Lineal zum Sitzrohr. Wiederholen Sie die Prozedur auf der gegenüberliegenden Seite. Addieren Sie beide Ergebnisse zum Sitzrohrdurchmesser.
4. Messen Sie den Abstand der Ausfallenden zueinander. Vergleichen Sie das Ergebnis mit der vorherigen Summe. Bei einer Differenz von mehr als 3 mm ist mindestens eines der Ausfallenden zu richten. Häufig läßt sich erkennen, welches der Ausfallenden verbogen ist. Diese Arbeit sollte vorzugsweise von einem Fahrradmechaniker und nicht vom Laien durchgeführt werden.

Unten links und rechts: Zur Prüfung des Rahmens auf Spurtreue wird der Abstand von Schnur zu Sitzrohr auf beiden Seiten gemessen und miteinander verglichen.

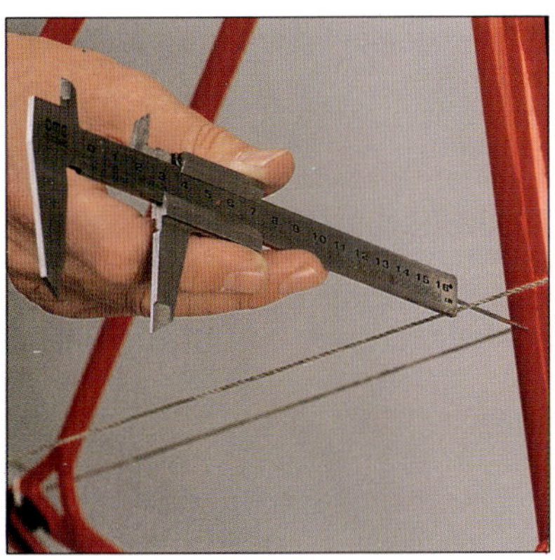

Oben: Typischer gegossener Bremssteg zwischen den Sattelstreben eines hochwertigen Rennrades.

Mitte: Anlötsockel für Umwerfer am Sitzrohr eines modernen Rennrades.

Unten: Ausbessern eines kleinen Lackschadens.

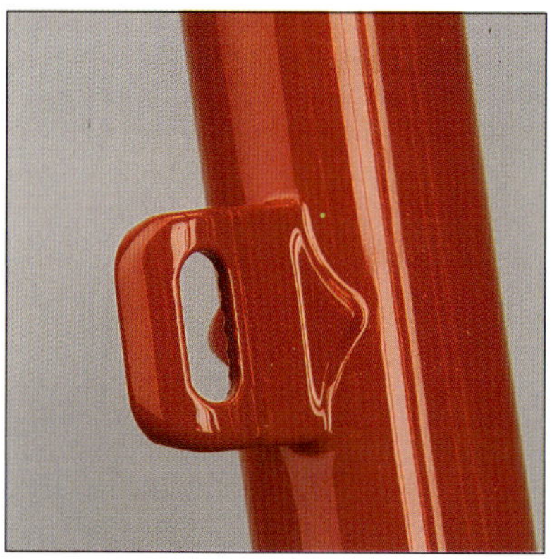

Ausbessern von Lackschäden

Auch wenn Sie noch so sorgfältig sind: Irgendwann nimmt der Lack Ihres Rades Schaden. Mindestens einmal jährlich lohnt es sich, die angesammelten kleinen Kratzer und Schrammen zu bearbeiten.

Werkzeug und Ausrüstung:
Lack
feinkörniges Schleifpapier
Lappen
Pinsel mit feiner Spitze
Farbverdünner

Arbeitsschritte:

1. Reinigen Sie das Rad gründlich, damit alle Lackschäden zum Vorschein kommen.
2. Schleifen Sie Schadstellen an. Falten Sie das Schleifpapier hierzu zu einem kleinen Paket zusammen.
3. Reinigen Sie die Schadstelle mit einem trockenen, sauberen Tuch.
4. Nehmen Sie mit dem Pinsel ein Minimum an Farbe auf. Tragen Sie Farbe nur auf die Schadstelle selbst auf und möglichst nicht auf den noch intakten Lack ringsherum.
5. Reinigen Sie nach der Arbeit den Pinsel sofort in Verdünnung und lassen Sie ihn aufgehängt trocknen, ohne daß die Borsten irgendwo anliegen.
6. Die Farbe muß mindestens über Nacht trocknen, bevor Sie den Rahmen wieder berühren.

Anmerkung:

Falls Sie Ihre Farbe nur als Spray bekommen konnten, sprühen Sie etwas Lack in einen Kronkorken und tauchen dann den Pinsel in die Farbe. Nach Gebrauch wird die Spraydose kopfunter gehalten und der Sprühkopf gedrückt, bis keine Farbe mehr austritt. Dies sorgt dafür, daß der Auslaß für den nächsten Einsatz durchgängig bleibt.

Rahmenfederung

Es gilt hier analog zunächst das, was ich bereits zu Federgabeln schrieb. Halten Sie Feder-/Dämpfungselemente und Scharnierpunkte sauber. Schmieren Sie letztere mit einem hochwertigen Schmierstoff (z.B. KryTech der Fa. Finish Line), der Schmutz weniger bindet als gewöhnliches Öl oder Fett. Staubsaturierte Schmiermittel führen zu einem Ausschmirgeln des Scharniers und wirken daher kontraproduktiv - im Vergleich damit wäre ein völlig ungeschmiertes Lager eher noch besser dran.

Bei hydraulischen Dämpfungselementen erfolgt die Schmierung der Kolbenstange über das Öl im Innern des Elementes. Simmerringe streifen das Öl von der Stange ab und sorgen dafür, daß es nicht austreten kann. Auch wenn der sichtbare Teil der Stange dadurch trocken aussieht - schmieren Sie ihn nicht. Denn der Schmierstoff würde Schmutz aufnehmen, der wiederum den Simmerring beschädigt, so daß eine Leckage entstünde. Und eine solche können Sie auch nur erkennen, wenn Sie die Stange nicht geschmiert haben, denn sonst vermischt sich austretendes Öl unauffällig mit dem von Ihnen aufgebrachten Schmierstoff.

Kapitel 10

Sattel und Sattelstütze

Oben: Sattel und Sattelstütze eines modernen MTB mit Schnellspannhebel am Sattelklemmbolzen.

Obwohl bei einem modernen Fahrrad diese Komponenten selten zu Störungen führen, verdienen sie doch einige Aufmerksamkeit. Wir behandeln hier die Einstellung der Sattelhöhe, den Ausbau von Sattel und Sattelstütze und die Pflege eines Ledersattels. Die Sattelhöhenschnellverstellung, wie sie sich an vielen hochwertigen MTB findet, wird in Kapitel 11 besprochen, das sich mit dem Thema Zubehör befaßt.

Beim MTB ist der Klemmbolzen der Sattelmuffe normalerweise ein Schnellspanner. Die Sattelposition ist zu ändern, wenn das Rad für einen anderen Fahrer eingerichtet werden soll oder die Sattelposition als unbequem hoch oder niedrig empfunden wird.

Sattelhöhe

Wir befassen uns hier und im folgenden nur mit dem technischen Aspekt der Verstellung, nicht mit dem Ermitteln der für Sie richtigen Sattelhöhe.

Werkzeug und Ausrüstung:
einstellbarer Schraubenschlüssel
3- bis 5-mm-Inbusschlüssel
Fett
Lappen

Arbeitsschritte:

1. Drehen Sie die Sattelklemmbolzenmutter etwas los bzw. öffnen Sie beim MTB den Schnellpanner, damit sich die Sattelstütze verschieben läßt.
2. Bleibt die Sattelstütze fest, drehen Sie die Mutter weiter los bzw. halten den Schnellspanner fest und drehen die Gegenmutter um eine Umdrehung los. Sitzt die Sattelstütze immer noch fest, tropfen bzw. sprühen Sie Kriechöl in den Schlitz zwischen Sattelstütze und Sitzrohr und geben Sie dem Öl etwas Zeit zu wirken. Ggf. benutzen Sie den Sattel als Hebel, um die Sattelstütze im Sitzrohr zu verdrehen.
3. Bringen Sie den Sattel auf die gewünschte Höhe. Etwaig eingesetztes Kriechöl wird zuvor von Sattelstütze und dem Inneren des Sitzrohres entfernt und der untere Teil der Sattelstütze dann außen leicht gefettet.
4. Halten Sie den Sattel in der richtigen Höhe, genau mittig ausgerichtet. Schließen Sie den Schnellspanner bzw. ziehen Sie die Klemmbolzenmut-

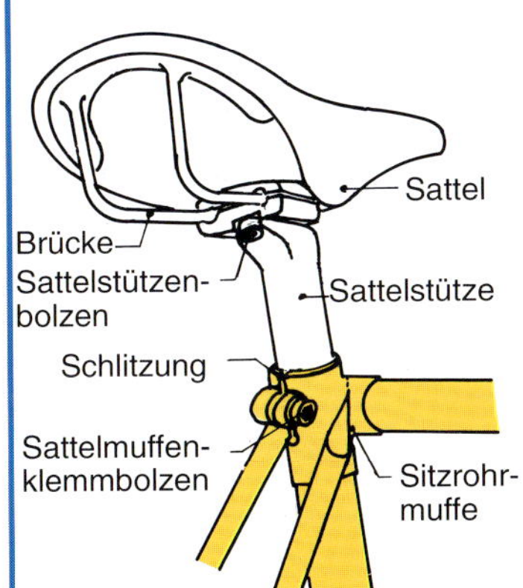

**Abb. 10.1
Sattel und Sattelstütze**

Oben: Um die Sattelhöhe einzustellen oder die Sattelstütze herauszunehmen, wird die Klemmbolzenmutter der Sattelmuffe losgedreht.

Unten: Detailansicht von Sattelmuffe und Klemmbolzen eines modernen Rennradrahmens.

ter an. Überschreiten Sie niemals die Markierung für die maximale Auszugshöhe.

5. Falls das Rad einen Sattelschnellspanner hat, prüfen Sie, ob der Sattel fest sitzt. Öffnen Sie sonst den Schnellspanner und drehen Sie die Gegenmutter ein oder zwei Umdrehungen fester, bevor Sie den Schnellspanner wieder schließen. Prüfen Sie erneut.

6. Überprüfen Sie die Sattelhöhe. Korrigieren Sie ggf. erneut, bis Sie zufrieden sind.

Anmerkung:
Bei einem MTB mit Sattelhöhenschnellverstellung drücken Sie den Sattel beim Einstellen bis zur richtigen Höhe nach unten. Reicht der Verstellumfang des Schnellverstellers nicht aus, wird seine die Sattelstütze umfassende Schelle an der Stütze entsprechend höher oder tiefer gesetzt. Weitere Angaben hierzu finden sich in Kapitel 11.

Neigungswinkel und Position

In der Regel werden diese beiden Einstellungen mittels der Schraube durchgeführt, die Sattel und Sattelstütze miteinander verbindet. Manchmal handelt es sich auch um ein Schraubenpaar. Bei den meisten Patentsattelstützen lassen sich solche Schrauben von der Unterseite her erreichen. Sattelkloben weisen seitlich je eine Mutter auf.

Werkzeug und Ausrüstung:
3- bis 5-mm-Inbusschlüssel
einstellbarer Schraubenschlüssel

Arbeitsschritte

1. Um den Sattel horizontal zu verschieben oder seine Neigung zu ändern, lösen Sie die Schraube(n) der Patentsattelstütze bzw. die Klobenmuttern um 1 - 2 Umdrehungen. (Bei manchen MTB-Patentsattelstützen findet sich auch hier ein Schnellspanner, mit dem sich der Sattel sogar während der Fahrt verschieben läßt.)

2. Eine Hand hält die obere Schale der Patentsattelstütze oder den Sattelkloben, die andere Hand bringt den Sattel in die gewünschte Position.

3. Halten Sie den Sattel in der neu gefundenen Stellung fest, so daß er sich nicht verstellt, während Sie die Schraube(n) der Patentsattelstütze oder die Klobenmuttern anziehen.

4. Überprüfen Sie festen Sitz und richtige Stellung und korrigieren Sie ggf. erneut.

Sattel- und Sattelstützenmontage

Auch wenn man nur den Sattel demontieren will, ist es am einfachsten und schnellsten, zunächst auch die Sattelstütze mit abzunehmen. Umgekehrt werden gleichfalls als erstes Sattel und Stütze gemeinsam abgebaut, wenn Sie die Sattelstütze austauschen wollen.

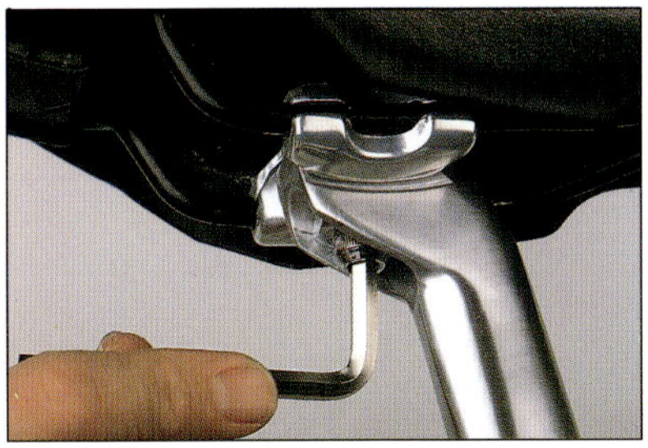

Oben: Mit dieser Schraube werden Sattelneigung und -position eingestellt bzw. die Patentsattelstütze zum Ausbau des Sattels geöffnet.

Unten: Manche Patentsattelstützen weisen eine separate Einstellschraube für die Sattelneigung auf.

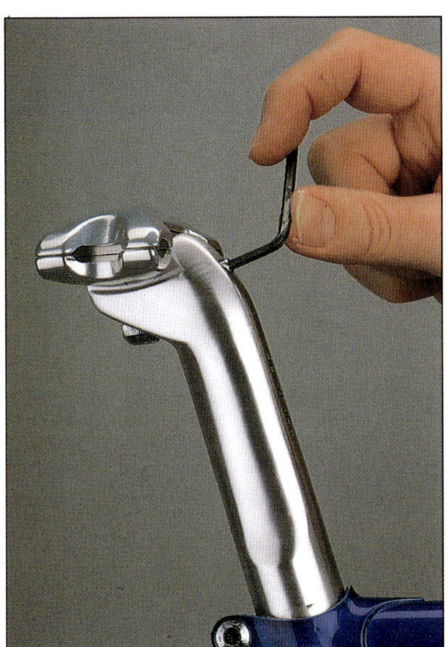

Werkzeug und Ausrüstung:

3- bis 5-mm-Inbusschlüssel

einstellbarer Schraubenschlüssel

Ausbau:

1. Lösen Sie die Mutter des Sattelklemmbolzens bzw. öffnen Sie den Schnellspanner, bis sich die Sattelstütze bewegen läßt (vgl. Abschnitt *Sattelhöhe*).
2. Ziehen Sie die Sattelstütze aus dem Sitzrohr.

Einbau:

1. Säubern Sie das Äußere der Sattelstütze und das Innere des Sitzrohres. Fetten Sie den Unterteil der Sattelstütze außen, um Korrosion vorzubeugen, damit nachfolgende Verstellungen bzw. der nächste Ausbau sich leicht bewerkstelligen lassen.
2. Schieben Sie die Stütze mit dem montierten Sattel bis zur gewünschten Höhe in das Sitzrohr.
3. Ist eine Sattelhöhenschnellverstellung vorhanden, wird deren Schelle an der Sattelstütze angeschlagen, während der Sattel genau gerade ausgerichtet ist und sich am oberen Ende des gewünschten Verstellbereiches befindet.
4. Ziehen Sie die Mutter des Sattelklemmbolzens an bzw. schließen Sie den Schnellspanner.

Sattel-Demontage: Patentsattelstütze

1. Drehen Sie die Schraube(n), die obere und untere Schale(n) mit der Sattelstütze verbinden, fast ganz heraus.
2. Drehen Sie die obere(n) Schale(n) - um 90 Grad, wenn nur eine Schale vorhanden ist, bzw. so weit es geht, wenn die obere Schale geteilt ist.
3. Heben Sie den Sattel nach oben ab.

Sattel-Demontage: Kerzensattelstütze

1. Schrauben Sie beide Muttern des Klobens vom Klemmbolzen ab.
2. Schieben Sie den Sattel nach vorn aus dem Sattelkloben heraus.

Ledersattel-Wartung

Ein Sattel mit echter Kernlederdecke (im Ggs. zur Nylondecke oder zu einem dünnen Lederüberzug) muß vor Feuchtigkeit geschützt werden. Schützen Sie ihn beim Abstellen oder Transportieren des Rades mit einer Plastiktüte, wenn auch nur die geringste Chance auf Regen besteht. Falls er dennoch naß wird, müssen Sie ihn vor der nächsten Fahrt erst gründlich trocknen lassen. Sonst verformt er sich dauerhaft. Zum Erhalt der Spannkraft und als Nässeschutz wird er mindestens alle 6 Monate mit Lederpflege behandelt.

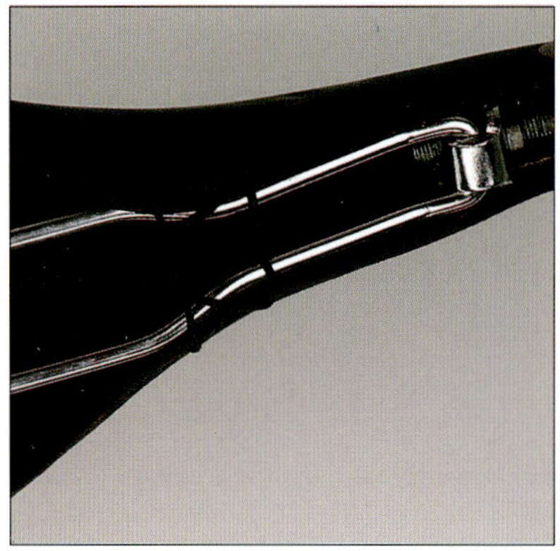

Links: Hochwertige Patentsattelstütze in zerlegtem Zustand.

Mitte: Ein verzogener Ledersattel läßt sich manchmal retten, indem man ihn so verspannt.

Rechts: Die Spannung der Ledersatteldecke wird mittels Spannbolzenmutter reguliert.

Stellen Sie den Sattel maximal einmal pro Jahr nach und dann auch nur, wenn er merklich durchhängt. Sie benötigen einen Spezialschlüssel vom Hersteller Ihres Sattels. Für normale Schraubenschlüssel reicht der Platz nicht. Stellen Sie maximal um eine Umdrehung nach. Zu intensives Nachstellen zieht den Sattel häufig in eine unbequeme Form.

Auch bei verformten Sätteln ist Abhilfe möglich: Bohren Sie nahe der Unterkante jeder Sattelseite in ihrer Mitte je 4 Löcher im Abstand von ungefähr 8 mm. Ziehen Sie Schnürsenkel wie bei einem Schuh von Seite zu Seite und verspannen Sie die Sattelflanken unter dem Sattel miteinander in solcher Weise, daß die ursprüngliche Form möglichst wieder hergestellt wird.

Federsattel-Montage

Die bequemsten Ledersättel, wie z.B. der Brooks ATB Conquest, verfügen über Schraubenfedern und eine gedoppelte Brücke. Sie benötigen entweder eine spezielle Patentsattelstütze oder einen Ausgleichsadapter zwischen den beiden Drahtsträngen. Zerlegen Sie die Sattelstütze. Plazieren Sie den Adapter zwischen die gedoppelte Drahtbrücke und zwischen obere und untere Schale der Sattelstütze. Drehen Sie die Schraube durch den Ausleger der Sattelstütze in das Gewinde der oberen Schale. Justieren Sie den Sattel, wie auf S. 107 / 108 beschrieben.

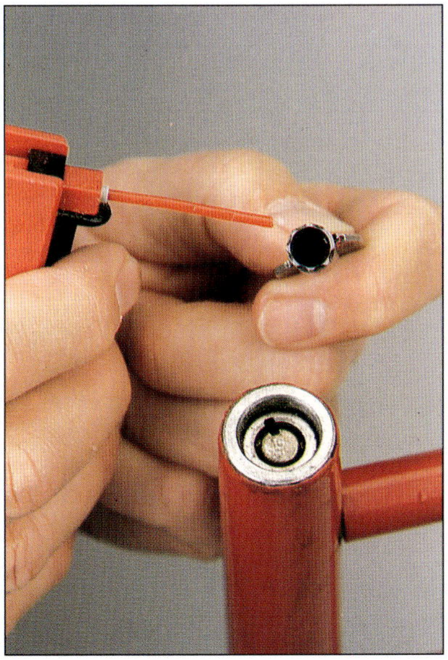

Kapitel 11

Zubehör

Viele Rennräder und MTBs sind im Normalfall mit nicht mehr als dem Allernötigsten ausgerüstet. Bei anderen Fahrrädern, wie sie z.B. von Berufspendlern benutzt werden, finden sich diverse Zusatzausstattungen, die sich zumeist auch an fast allen übrigen Rädern anbringen lassen. Hier wird nun kurz erklärt, wie die nützlichsten der Zubehörteile montiert und gewartet werden. Wir befassen uns mit

- Pumpe
- Sattelhöhen-Schnellverstellung
- Pedalhaken
- Beleuchtung
- Gepäckträgern
- Schutzblechen
- Kettenschutz
- Ständer
- Fahrradcomputer

Pumpe

Zu Hause eignet sich eine große Standpumpe mit Schlauchanschluß und eingebautem Manometer am besten zum schnellen und präzisen Füllen von Reifen. Unterwegs braucht man ein handlicheres Modell. Neben den Standardausführungen für Rennräder gibt es besondere MTB-Pumpen. Diese sind stärker im Durchmesser und können daher mit jedem Pumpenstoß mehr Luft in den Reifen befördern, wenn auch mit etwas geringerem Druck. CO_2-Kartuschen haben in letzter Zeit viele Freunde gewonnen. Ich meine, daß sie sich nicht lohnen. Wie auch immer Sie ihre Reifen befüllen wollen: Der Ventilansatz muß zu den Ventilen an Ihrem Rad passen. Zwischenadapter sind erforderlich, wenn Sie mehrere Fahrräder mit unterschiedlichen Ventilnormen versorgen wollen.

Oben: Bügelschlösser lassen sich mit Halterungen am Rahmen befestigen. Zur Wartung geben Sie gelegentlich etwas Öl auf den Schlüssel und betätigen dann das Schloß mehrmals.

Unten links: Gut ausgestattetes, hochwertiges Rad für Tourenfahrten, auch auf schlechteren Wegen.

Unten rechts: Typisches Holland-Gebrauchsrad, das viel Schutz vor Schmutz bietet.

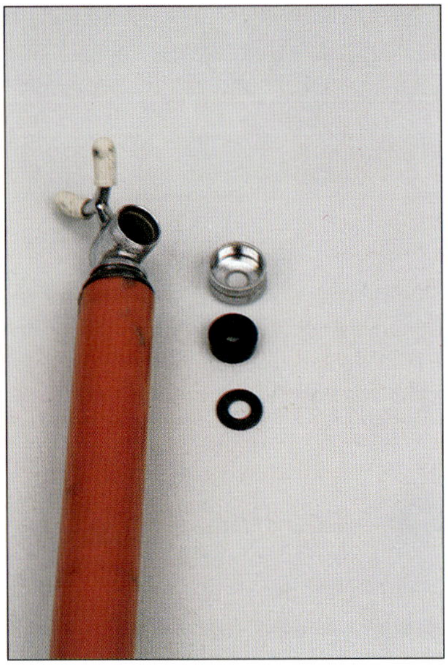

Oben: Auch die Pumpe läßt sich instandsetzen. Hier sind die Einzelteile des Kopfes abgebildet.

Pumpen-Wartung

Zieht eine Pumpe nicht mehr ordnungsgemäß, ist das Leck meist am Pumpenkopf, d.h. am Ventilansatz zu suchen, oder aber am Kolben. Bei manchen Modellen läßt sich der Ventilansatz auswechseln.

Werkzeug und Ausrüstung: Schraubendreher, Schmiermittel

Arbeitsschritte:

1. Ziehen Sie am Pumpenkopf den Überwurfring an, der die Gummidichtscheibe hält.
2. Besteht das Problem fort, schrauben Sie den Ring ab und prüfen das Gummi. Falls es verhärtet, ausgefranst oder eingerissen bzw. sein Mittelloch ausgeweitet ist, wird das Gummi ersetzt und der Ring wieder aufgeschraubt.
3. Hilft dies nicht, schrauben Sie das andere Ende der Pumpe auf und prüfen die Kolbendichtung aus Gummi oder Leder. Falls die Dicht-Manschette verhärtet ist, wird sie mit beliebigem tierischen oder pflanzlichen Öl bzw. Fett getränkt. Vergewissern Sie sich, daß die Manschette gut festgeschraubt ist. Nötigenfalls wird sie ersetzt.

Sattelhöhen-Schnellverstellung

Die Schnellverstellung ist nützlich bei MTBs, die im Gelände gefahren werden: Man kann die Sattelhöhe während der Fahrt anpassen.

Werkzeug und Ausrüstung: Schraubenschlüssel, einstellbar

Ausbau:

1. Öffnen Sie den Sattelschnellspanner und schrauben Sie seine Gegenmutter ab.
2. Nehmen Sie die Feder vom Sattelklemmbolzen ab.
3. Ziehen Sie die Sattelstütze aus dem Rahmen.
4. Lösen Sie die Schelle, die die Feder mit der Sattelstütze

Einbau:

1. Halten Sie das freie Ende der Feder des Höhenverstellers an die Sattelklemmuffe.
2. Schieben Sie den Sattelschnellspannbolzen durch Muffenbohrung und Federöse des Höhenverstellers. Drehen Sie die Gegenmutter auf.
3. Schieben Sie die Sattelstütze durch die Schelle des Höhenverstellers in das Sitzrohr.
4. Stellen Sie den Sattel auf größte vorgesehene Höhe. Ziehen Sie die Schelle des Höhenverstellers fest.

Unten: Der Sattelhöhen-Schnellversteller wird an Sattelstütze und Sattelklemmuffe angeschlagen.

***Oben:* Der Scheinwerfer, egal welchen Typs, wird so hoch wie möglich montiert. Sein Lichtmittelpunkt sollte 6 -10 m vor dem Rad auf die Straße fallen.**

***Unten:* Der Night-Rider, eines der leistungsfähigsten und besten Batterielichtsysteme. In Deutschland nur für Rennräder unter 11 kg Gewicht und natürlich abseits der Straße zugelassen.**

5. Prüfen Sie, ob sich der Sattel in dem von Ihnen gewünschten Maße verstellen läßt. Korrigieren Sie ggf., indem Sie die Schelle an der Sattelstütze in der Höhe versetzen.

6. Stellen Sie den Sattel auf die aktuell gewünschte Höhe ein und schließen Sie den Schnellspanner.

Pedalhaken

Die meisten Rennräder sind mit Pedalhaken ausgestattet, aber auch viele MTBs. Allerdings ist die hakenlose Sicherheitsbindung derzeit stark im Vormarsch. Außer den traditionellen Systemen mit Haken und Riemen gibt es auch kurze Haken aus Metall (bzw. im MTB-Bereich Plastik) ohne Riemen, bzw. auch nur stabile Riemen ohne Haken. Zweck ist, den Fuß daran zu hindern, vom Pedal abzurutschen, ohne ihn jedoch unverrückbar festzuschnallen. Typunabhängig werden Haken mittels kleiner Schrauben und Gegenmuttern angebracht. Achten Sie auf die korrekte Richtung bei der Montage. Die Bohrungen an der hinteren Pedalkante sind für die Anbringung eines Reflektors vorgesehen.

Beleuchtung

Für innerstädtische Straßen bei Nacht ist fast jede Fahrradbeleuchtung ausreichend, aber im Gelände gibt es kaum einen Scheinwerfer, der wirklich genug Licht abstrahlt. In baumlosen Ebenen ist der Vollmond meist wirksamer als jede Fahrradleuchte, nur sind wolkenlose Vollmondnächte rar. Beleuchtung, die für Straßen und halbwegs befestigte Wege ausreicht, ist jedoch durchaus verfügbar und wichtig.

Batterieleuchten

Batteriebeleuchtung ist in Deutschland auf der Straße nur für Rennräder unter 11 kg Gewicht zugelassen.

Die einfachsten hinreichenden Batterieleuchten werden mit mindestens zwei Monozellen betrieben. Systeme mit separaten, wieder aufladbaren Akkus spenden noch besseres Licht.

Hinweise zur Montage können nur sehr allgemein ausfallen, da die vielen verschiedenen Modelle sich sämtlichst im Detail unterscheiden.

Werkzeug und Ausrüstung: 3- bis 5-mm-Inbusschlüssel
6-mm-Schraubenschlüssel, verstellbarkleiner Schraubendreher

Arbeitsschritte:

Besorgen Sie die erforderlichen Montageteile und bringen Sie die Leuchten so an, daß sie nicht mehr als nötig exponiert sind. Leuchten sollten so hoch wie möglich montiert werden, da sie dann am besten sichtbar sind und in geringerem Maße irritierende Schatten werfen.

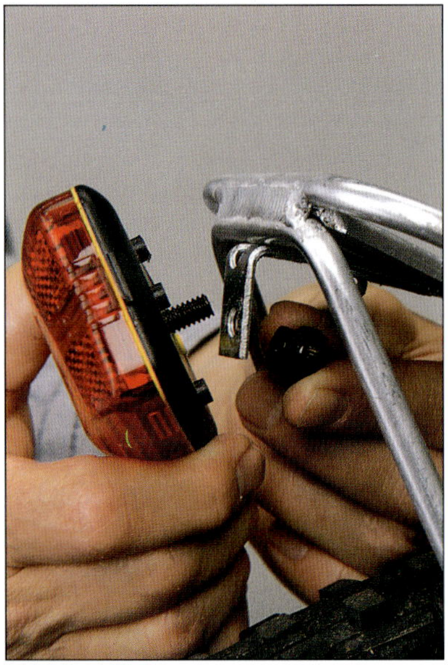

Oben: Rückleuchten oder Reflektoren lassen sich gut direkt unterhalb des Gepäckträgers anbringen. Unten: LED-Blinkleuchten sind erstaunlich gut sichtbar. Ihre Batterien halten viel länger als bei Leuchten mit Konstantlicht. In Deutschland ist Blinklicht jedoch nicht zugelassen. Die Leuchten sind daher auf Dauerlicht umschaltbar. Beim Rennrad werden sie gern an der Sattelstütze montiert.

Ein *großer* rückwärtiger Reflektor, tief angebracht, schützt mindestens so sehr wie jedes Rücklicht vor Verkehrsteilnehmern, die sich von hinten mit Aktivlicht nähern.

Batterieleuchten-Wartung

Die Hinweise können wiederum nur allgemein gehalten sein, gelten aber für alle batteriegespeisten Systeme.

Werkzeug und Ausrüstung:

Ersatzbatterien
Ersatzbirnen
Schmirgelpapier
Polfett

Arbeitsschritte

1. In der Regel liegt die Ursache für den Ausfall eines Batterielichtes in einer schwachen oder voll entladenen Batterie. Als erstes werden daher probeweise die Batterien ersetzt.
2. Ist die Birne weit genug eingeschraubt - hat sie feste Verbindung mit den Kontakten? Schmirgeln Sie Schmutz und Korrosion von den Berührungsflächen an Birne, Batterie und Kontaktzungen.
3. Prüfen Sie die Birne. Ist ihr Glühfaden gebrochen, wird sie ausgewechselt.
4. Damit die Kontaktflächen von neuer Korrosion verschont bleiben, werden sie leicht mit Polfett bestrichen. Vergessen Sie hierbei den Schalter nicht.

Batterien

Batterien sind ein besonderes Problem jeder Batterieleuchte. Trockenzellen haben eine stark nutzungsabhängige Leistungskurve: Die Spannung neuer Zellen beträgt ca. 1,5 V. Sie fällt graduell auf durchschnittlich 1,2 V ab, bevor sie zum Schluß ganz zusammenbricht. Somit leuchtet das Licht erst hell, spielt sich dann für bestimmte Zeit auf einem niedrigeren Niveau ein und fällt dann ab.

Die Leuchtkraft ist bei neuen Batterien etwa doppelt so hoch wie der Normalwert, während sie zum Schluß nur einen Bruchteil des Sollwertes beträgt. Birnen sind auf den Normwert von 1,2 V pro Zelle ausgelegt. Bei zwei Zellen sind dies also 2,4 V, und nicht etwa 3 V, wie man bei 1,5 V pro Zelle annehmen könnte.

Es gibt auch aufladbare Zellen auf Nickel-Cadmium-Basis (NiCad), die voll kompatibel mit Leuchten für herkömmliche Zellen sind. Blei-Gel-Akkus dagegen werden immer separat montiert. Blei-Gel- und NiCad-Akkus haben völlig unterschiedliche Charakteristika: Die Spannung einer NiCad-Zelle bleibt ziemlich konstant bei 1,2 V, so daß die Helligkeit sich über die (insgesamt kürzere) Nutzungsdauer auf gleichem Niveau hält, bevor sie vorwarnungslos zusammenbricht. Daher sollte man als NiCad-Nutzer stets

Nabengeneratoren bieten absolute Sicherheit gegen witterungsbedingte Kraftschlußprobleme. Auch laufen sie i.d.R. leichter als die meisten Seitenläufer. Hochwertige Rillenkugellagerung verspricht hohe Lebensdauer. Wenn der Nabendynamo aber doch einmal ausgetauscht werden muß, steht ein Zerlegen und Neueinspeichen des gesamten Laufrades an.

einen geladenen Satz Reservezellen mitführen. NiCad-Akkus müssen vor dem Laden immer erst vollständig entladen werden, sonst verlieren sie an Kapazität. Man kann diese dann aber meist durch circa fünfmaliges vollständiges Laden und Entladen wiederherstellen. NiCad-Zellen halten ihre Ladung nicht unbegrenzt und sollten monatlich entladen und wieder geladen werden. Die Lebensdauergrenze ist erreicht, sobald eine Zelle ihre Ladung binnen Wochenfrist verliert.

Der andere gebräuchliche Akkutyp ist der Blei-Gel-Sammler. Seine handelsüblichen Größen erlauben nicht, übliche Trockenzellen direkt gegen Blei-Gel-Akkus auszutauschen. Blei-Gel-Akkus haben eine größere Kapazität und können schon bei Teilentladung nachgeladen werden. Präziser gesagt dürfen sie auch keinesfalls tiefentladen werden. Front- und Rücklicht bedienen sich am besten über Kabel aus einem gemeinsamen, zentralen Blei-Gel-Akku.

Dynamo-Anlage

Dynamogespeiste Leuchten sind jederzeit einsatzbereit, d.h. auch dann, wenn Sie überraschend Licht benötigen und Ihre Batterieleuchten zu Hause gelassen hätten. Zur Zuverlässigkeit bedarf es nur geringer Pflege. Fällt die Dynamolichtanlage aus, läßt sie sich mit zielgerichtetem Vorgehen meist schnell wieder zur Funktion bringen.

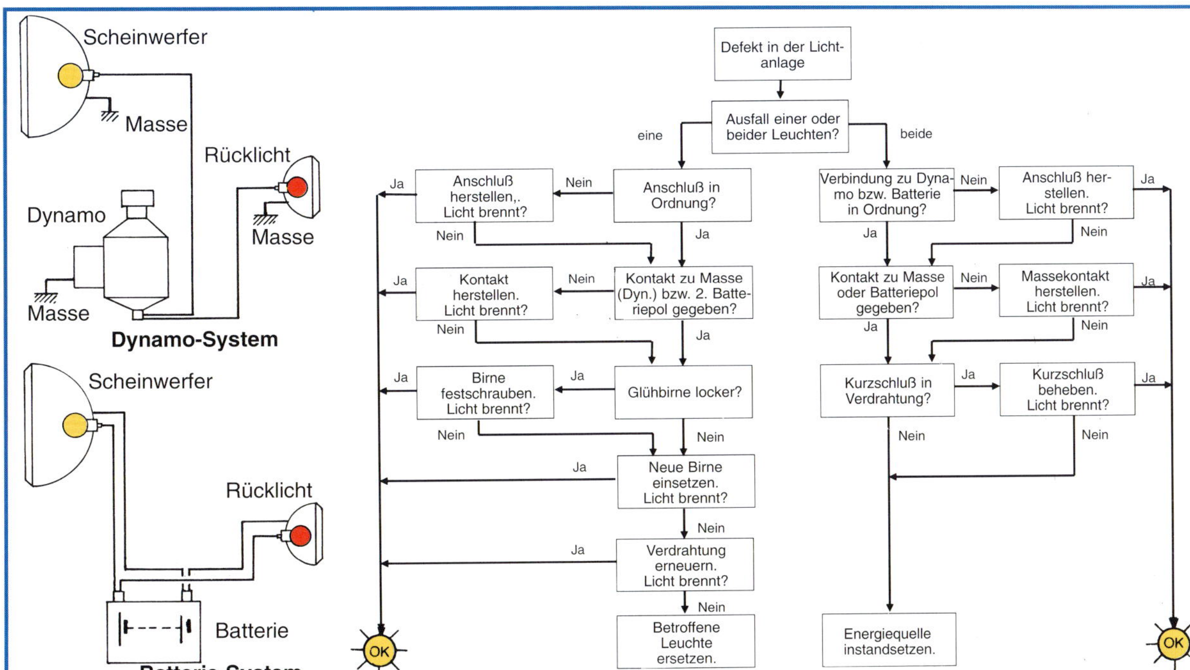

Abb. 11.1 Lichtanlage mit gemeinsamer Energiequelle für beide Leuchten (ggf. Akku oder Batterie statt Dynamo). Links: Schaltbild Rechts: Diagramm zur Fehlersuche

Oben: Aufsetzen eines Fahrrad-computers. Die Kontakte von Halterung und Computer müssen sauber sein.

Unten: Befestigung der Gepäck-trägerstreben am Ausfallende.

Lichtanlagen-Reparatur

Wenn das dynamobetriebene Licht ausfällt, muß man den Fehler systematisch suchen, da die Lichtanlage aus vielen zusammenspielenden Komponenten besteht. Sture Systematik darf jedoch kein Ersatz für logisches Denken sein. Überlegen Sie, welches in Anbetracht der Umstände die wahrscheinlichste Fehlerursache ist. Regnet oder schneit es z.B., ist ein Durchrutschen des Dynamos eher anzunehmen als bei Trockenheit. Dies wäre dann der Anfangsschritt: Prüfen Sie, ob der Dynamo korrekt positioniert ist. Biegen Sie seine Befestigung so, daß er näher am Reifen steht und der Anpreßdruck erhöht wird.

Retro-Reflektoren

Bei der Auswahl von Rückstrahlern sollten Sie beachten, daß die Wirkung umso besser ausfällt, je größer ein Reflektor ist, wenn alle sonstigen Faktoren gleich sind.

Die Funktion eines Reflektors hängt davon ab, ob er auch sauber ist. Waschen Sie Reflektoren daher regelmäßig mit reichlich Wasser. Gelangt Feuchtigkeit jedoch ins Reflektorinnere, schlägt sie sich dort nieder und macht den Rückstrahler praktisch blind. Gesprungene oder angebrochene Reflektoren sollten daher sofort ausgetauscht werden. Testen Sie ihre Reflektoren, indem Sie aus 10 m Entfernung Licht auf sie richten. Mit dem Auge in der Nähe der Lichtquelle überprüfen Sie, ob der Reflektor hell aufzuleuchten scheint.

Gepäckträger

Urahn aller modernen Gepäckträger ist Jim Blackburns Modell aus geschweißtem Alu. Für viele stellt es nach wie vor die erste Wahl dar, auch wenn es wesentlich billigere Ausführungen gibt, die sehr ähnlich aussehen.

Vorn sollte ausschließlich ein Low-Rider-Modell verwendet werden, damit die Beladung unmittelbar hinter der Laufrad- und in Verlängerung der Steuerrohrachse sitzt und so Fahr- und Lenkeigenschaften möglichst wenig beeinträchtigt. Leider erschweren die meisten Modelle den Transport des Rades auf dem PKW-Dachgepäckträger.

Gepäckträger-Montage

Üblicherweise werden Gepäckträger an Gewindeösen befestigt, die am Rahmen bzw. der Gabel angelötet sind.

Weist Ihr Rahmen keine Ösen auf, können statt ihrer Schellen verwendet werden. Damit der Lack geschont wird und ein Verrutschen auch unter Last unmöglich ist, unterfüttern Sie die Schellen mit großen Gummiflicken, die Sie wie zur Reifenreparatur mit Gummilösung an die Rahmenstreben kleben.

Oben: Gepäckträgerbefestigung an den Sattelstreben.
Mitte / unten: Anbringung der Schutzbleche.

Schutzbleche

Man findet Schutzbleche an Gebrauchsrädern, aber selten an MTBs oder Rennrädern. Dabei sind Bleche wichtig, wenn man im Regen bzw. auf nassen Straßen oder Wegen fährt. Es gibt verschiedene Ausführungen, von denen die längsten und breitesten am wirkungsvollsten sind. Kurze Steckbleche reichen selten. Besonders bei modernen MTBs mit begrenzter Durchlauffreiheit sind Schutzbleche bei schwerem Boden problematisch, weil Schlamm sich zwischen Blech und Reifen festsetzen und letzteren schnell blockieren könnte.

Schutzblech-Montage

Schutzblechstreben werden an den Ösen des Ausfallendes angeschraubt, während die Montagewinkel an der Bremsbolzenbohrung des Gabelkopfes bzw. der Brücke zwischen den Sattelstreben befestigt werden. Erforderlichenfalls sorgen Flügelmuttern dafür, daß Bleche auch schnell wieder abgenommen werden können.

Der Sitz der Bleche wird allein durch die Position bestimmt, in der die Strebenbolzen auf den Streben festgezogen werden. Hervorstehende Strebenenden werden abgeschnitten, um die Verletzungsgefahr zu vermindern. Am besten verlegt man die Streben ohnehin dann noch an die Innenseite der Trägerlaschen.

Kettenschutz

Viele Gebrauchsräder verfügen über einen Kettenschutz, der bei manchen Modellen sogar den gesamten Antriebsstrang umkleidet. Häufig verformt sich der Kettenschutz schnell und kommt dann in Kontakt mit Kette oder Kurbel. Es nützt meist nichts, ihn im montierten Zustand zurückbiegen zu wollen. Stellen Sie fest, wo er schleift, und nehmen Sie ihn dann ab. Verformen Sie anschließend in geeigneter Weise seine Befestigungselemente. Kontrollieren Sie monatlich den festen Sitz der Halteschrauben.

Ständer

Ein solcher findet sich ebenfalls zumeist nur an Gebrauchsrädern. Die wenigsten Ständer taugen wirklich etwas; einige Modelle aber mehr als andere. Ein Hinterbauständer ist erheblich sinnvoller als die hinter dem Tretlager sitzenden Versionen. Im Gegensatz zu diesen stört der Hinterbauständer auch nicht, wenn das Fahrrad rückwärts geschoben wird.

Recht interessant sind auch Zweibeinständer. Bei ihnen neigt sich das Rad nicht zur Seite. Man kann entweder Vorder- oder Hinterrad frei in der Luft drehen lassen, um Arbeiten am Rad vorzunehmen. Den gleichen Zweck erfüllt für wenig Geld auch ein Verkaufsständer. Zu Hause ist er überaus praktisch, und unterwegs muß man dann das Rad nicht mit dem Gewicht eines Ständers belasten.

Überprüfen Sie von Zeit zu Zeit den festen Sitz allen Zubehörs.

Fahrradcomputer

Heutzutage wohl das meistverbreitetste Zubehörteil, zumindest an sportlichen Rädern. Jedes Jahr kommen kleinere und „intelligentere" Computermodelle auf den Markt. Wählen Sie ein Produkt, das mit den wenigsten Tasten diejenigen Funktionen bietet, auf die Sie persönlich Wert legen. Befolgen Sie die Anweisungen des Herstellers bezüglich Montage, Kalibrierung und Wartung. Allgemein muß anhand der Radgröße kalibriert werden, die beim belasteten Fahrrad präzise zwischen Laufradachse und Straße gemessen wird. Es lohnt sich, ein garantiert wasserdichtes Modell zu kaufen. Ansonsten ziehen Sie im Regen eine Tüte über den Computer und nehmen diesen beim Transport des Rades ab.

Zubehör allgemein

Die folgenden Hinweise helfen Ihnen, auch beliebiges sonstiges Zubehör an Ihrem Rad betriebsbereit zu halten, bzw. sorgen zumindest dafür, daß dieses Zubehör nicht die Fahrsicherheit gefährdet.

- Die Befestigung muß an mindestens zwei Punkten erfolgen, möglichst versetzt zueinander.
- Löst sich die Befestigung, wird sie nicht nur nachgezogen, sondern verbessert.
- Beschädigtes Zubehör wird sofort entfernt, repariert oder ersetzt.
- Bewegliche Teile prüfen Sie gelegentlich auf Leichtgängigkeit und schmieren ggf. nach.

Fehlersuchtabelle

Problem/Symptom	Mögliche Ursache(n)	Abhilfe . . . . Seite
Unbequeme Sitzhaltung	1. Sattel falsch eingestellt	Sattel neu positionieren 107
	2. Lenker falsch eingestellt	Lenker neu positionieren 91
	3. Falsche Lenkerhöhe	Vorbauauszug ändern 91
	4. Falsche Rahmenhöhe	Neuer Rahmen oder neues Fahrrad
Hoher Rollwiderstand (mit und ohne Antrieb)	1. Reifen schleift an Rahmen o.ä.	Rad gerade einsetzen/zentrieren 77
	2. Nabenlager verschlissen / verstellt	Lager ersetzen bzw. justieren . . . 81
	3. Unzureichender Reifendruck	Reifendruck erhöhen 27, 90
Hoher Widerstand und/oder schabendes bzw. schleifendes Geräusch beim Treten	1. Kette trocken, gelängt, verdreckt	Schmieren, ersetzen, säubern . . 71
	2. Tretlager verstellt	Einstellen, schmieren, überholen oder erneuern 65
	3. Pedallager verstellt	Einstellen, schmieren, ersetzen . . 69
	4. Kette oder Kettenblatt schleift	Richten oder erneuern, Kettenlinie ändern 67, 71
Geradeauslauf gestört	1. Räder laufen nicht gerade	Gerade einsetzen/zentrieren . 77, 83
	2. Gabel deformiert	Richten oder ersetzen 99
	3. Steuerlager defekt	Warten oder ersetzen 98
	4. Rahmen verzogen	Richten oder ersetzen 104
Vibrationen bei hohem Tempo	1. Räder laufen unrund	Gerade einsetzen / zentrieren 77, 83
	2. Nabenlager haben Spiel	Lager einstellen 81
	3. Steuerlager verstellt	Einstellen, warten, ersetzen . . . 97
Geräuschentwicklung beim Treten (Knacken, Knarzen o.ä.)	1. Kettenblatt, Kurbel, Pedal locker	Befestigen oder ersetzen . . 64 - 69
	2. Kette trocken, verdreckt, gelängt	Schmieren, reinigen, ersetzen . . 71
	3. Tret- oder Pedallager verstellt	Einstellen, schmieren, warten . 65, 69

Problem/Symptom	Mögliche Ursache(n)	Abhilfe . . . . Seite
Kette springt über	1. Neue Kette, verschlissenes Ritzel	Ritzel oder kompletten Zahnkranz ersetzen 76
	2. Kette verschlissen oder nicht gespannt (Nabenschaltung)	Kettenspannung korrigieren oder Kette ersetzen 71
	3. Verbogenes oder schwergängiges Kettenglied	Kettenglied oder Kette austauschen 71
Kette springt ab	1. Schaltwerk verstellt (Kettenschaltung)	Schaltwerk justieren 32, 33
	2. Kette nicht gespannt oder verschlissen (Nabenschaltung)	Kette spannen oder ersetzen . . . 71
	3. Kettenblatt gelockert / verbogen	Festziehen oder richten 67
	4. Falsche Kettenlinie	Kettenlinie korrigieren 73
Unrunder Kurbelgang	1. Kurbel, Tretlager oder Pedal gelockert	Einstellen, anziehen 64, 65, 69
	2. Pedalachse oder Kurbel verbogen	Richten oder ersetzen 64, 68
Schleifendes Geräusch beim Treten	1. Falsche Ritzel-/Blatt-Kombination	Nicht Klein-Klein bzw. Groß-Groß fahren
	2. Umwerfer dejustiert	Umwerfer einstellen 37
	3. Umwerfer steht schief	Umwerfer gerade ausrichten . . . 37
Gänge lassen sich nicht sauber schalten (Kettenschaltung)	1. Schaltwerk / Umwerfer dejustiert	Schaltwerk / Umwerfer justieren 32, 33, 37
	2. Schaltwerk verdreckt / beschädigt	Reinigen, ölen oder ersetzen . . . 35
	3. Schalthebel oder -zug korrodiert bzw. beschädigt	Reinigen, schmieren oder ersetzen 38, 39
	4. Falsche Kettenlänge	Korrigieren oder Kette ersetzen . 71
	5. Schalthebel oder -zuganschläge gelockert	Festziehen 38, 39
	6. Umwerfer gelockert bzw. steht schief	Befestigen bzw. ausrichten 37

Problem/Symptom	Mögliche Ursache(n)	Abhilfe . . . . Seite
Indexschaltung funktioniert nicht	1. Zug korrodiert oder beschädigt	Schmieren bzw. ersetzen 39
	2. Schaltwerk / Umwerfer dejustiert	Schaltwerk/ Umwerfer einstellen 33, 37
	3. Kette oder Ritzel verschlissen	Ersetzen 71, 76
Nabenschaltung arbeitet nicht zufriedenstellend	1. Schaltung dejustiert	Schaltung justieren . . . . . 41 - 46
	2. Schalthebelfunktion gestört	Reinigen, schmieren, ersetzen . . 45
	3. Schaltzug verklemmt / beschädigt	Befreien, schmieren oder ersetzen 45
	4. Zuganschlag gelockert	Neu positionieren und festziehen 45
Felgenbremse zeigt unzureichende Wirkung	1. Bremse verstellt	Bremse einstellen . . . . . . 48 - 54
	2. Verschlissene Bremsschuhe	Ersetzen 48
	3. Felge feucht, verdreckt oder fettig	Felge säubern
	4. Stahlfelge bei Nässe	Gegen Alu-Felge austauschen . . 86
	5. Bremszug korrodiert, eingeklemmt oder beschädigt	Schmieren, gängig machen oder ersetzen 58
	6. Bremshebel gelockert / beschädigt	Befestigen, gängig machen, schmieren oder ersetzen 55
	7. Laufrad extrem unrund	Laufrad zentrieren 83
	8. Bremse gelockert oder verzogen	Befestigen, gängig machen, schmieren oder ersetzen 54
Vibrationen beim Bremsen (Felgenbremse)	1. Bremse gelockert	Bremsbolzen festziehen 54
	2. Felge extrem verzogen	Zentrieren oder ersetzen 83
	3. Felge verdreckt oder fettig	Felge säubern
	4. Steuerlager gelockert	Steuerlager einstellen 97
Felgenbremse quietscht	1. Bremsschuhe stehen falsch auf der Felge auf	Bremsschuhe oder -arm einstellen bzw. richten 50, 54
	2. Felge verdreckt	Felge reinigen
	3. Bremsschuhe verschlissen oder verdreckt	Bremsschuhe ersetzen oder reinigen 48
	4. Bremsarme gelockert	Bremsarme befestigen 54

Problem/Symptom	Mögliche Ursache(n)	Abhilfe . . . . Seite
Rücktrittbremswirkung unzureichend	1. Kette nicht gespannt	Kette spannen 71
	2. Gegenhalter gelockert	Bremsarm festziehen 60
	3. Nabe defekt	Nabe warten oder ersetzen 59
Trommelbremswirkung unzureichend	1. Zug oder Hebel defekt	Gängig machen, schmieren oder ersetzen 58
	2. Gegenhalter gelockert	Gegenhalter anziehen 60
	3. Bremsbeläge verschlissen / verölt	Bremsbeläge erneuern 61
Gestängebremse ohne ausreichende Wirkung	1. Gestänge oder Bremshebel defekt	Gängig machen, richten, schmieren 62
	2. Bremsschuhe verschlissen oder Felge beschädigt	Ersetzen 48, 86
Batterielicht ohne Funktion	1. Batterie leer	Frische Batterie einsetzen . . . 114
	2. Birne gelockert oder defekt	Birne festschrauben o. ersetzen 114
	3. Batteriekontaktzungen korrodiert oder verbogen	Blankschmirgeln bzw. richten . . 114
	4. Birnenfassung defekt	Richten, blankschmirgeln 114
	5. Schalter defekt	Kontakte richten, blankschmirgeln 114
Akkulicht ohne Funktion	1. Akku leer	Akku laden 114
	2. Birne gelockert oder defekt	Birne festschrauben o. ersetzen 114
	3. Batteriekontaktzungen korrodiert oder verbogen	Blankschmirgeln bzw. richten . . 114
	4. Birnenfassung defekt	Richten, blankschmirgeln 114
	5. Schalter defekt	Kontakte richten, blankschmiergeln 114
Dynamobeleuchtung ohne Funktion	1. Dynamo rutscht durch	Kappe oder Reifen austauschen, Dynamo näher zum Reifen montieren 116
	2. Birnchen gelockert oder defekt	Festschrauben oder ersetzen . . 115
	3. Verkabelung oder Massekontakte defekt	Instandsetzen 115
	4. Lampenfassung defekt	Kontakte richten, blankschmirgeln 115

Stichwortverzeichnis

S

T

Ü

U

V

W

Z